NOTES ET DOCUMENTS

POUR SERVIR A L'HISTOIRE

DE JOINVILLE.

CHAUMONT, IMPRIMERIE DE CH. CAVANIOL.

CONCLUSION

« La meilleure manière de prévoir le futur est de le créer. »
Peter DRUCKER

« Houston, ici la base de la Tranquillité. L'aigle a aluni. » annonce fièrement l'astronaute américain Neil Armstrong. L'alunissage n'a pourtant pas été de tout repos. Des problèmes techniques de dernière minute ont conduit les astronautes à devoir modifier précipitamment leur spot d'alunissage et à prendre le contrôle en mode manuel. Nous sommes le 20 juillet 1969. « Aigle » est le premier module lunaire à avoir déposé des hommes sur la surface de la Lune. Le centre de contrôle, basé à Houston aux États-Unis, leur répond : « Reçu, Tranquillité. Nous comprenons que vous êtes au sol. Vous aviez un paquet de types en train de devenir bleus. On respire à nouveau, merci ! »

Cette prouesse technique a pu avoir lieu grâce à la vision d'un homme. C'était le 12 septembre 1962, lors d'un discours sur le thème de l'exploration spatiale, à l'université

Rice à Houston. Le président John Fitzgerald Kennedy déclara devant les 40 000 personnes présentes : « Nous avons choisi d'aller sur la Lune au cours de cette décennie et d'accomplir d'autres choses encore, non pas parce que c'est facile, mais justement parce que c'est difficile. »

Sa vision s'est transformée en objectif, puis en réalité. Cette histoire illustre l'importance d'avoir une vision pour atteindre vos buts et libérer votre potentiel. Soyez donc visionnaire pour votre propre existence. Savoir qu'aujourd'hui la météo n'est pas clémente, mais que demain elle pourrait être meilleure vous conférera la force de l'optimisme et la résilience face à l'adversité.

Au travers des exemples précédents, ceux mettant en scène Dick Fosbury, Michael Chang, Dwight Eisenhower, et bien d'autres, nous avons pu mesurer l'importance de la vision dans leur façon d'être et de réussir.

Voici arrivé le moment de conclure ce livre. Merci d'avoir pris le temps de le parcourir. J'ai voulu ce guide pratique court, mais dense en contenu qu'il vous faudra digérer. Laissez-le donc reposer et revenez-y un peu plus tard pour une seconde, voire une troisième lecture.

À l'instar de la méthode de Benjamin Franklin, essayez d'appliquer les principes séparément. Prenez bien le temps d'en choisir quelques-uns, ceux qui vous parlent le mieux, et tentez de les faire vivre dans une situation de votre quotidien. Concentrez-vous sur un principe en particulier, le temps qu'il vous faudra, disons une à deux semaines, et passez seulement aux principes suivants, pour transformer votre existence doucement, mais sûrement.

Je vous souhaite de libérer votre potentiel et une pleine réussite dans votre vie !

PRINCIPE N°13 (BONUS)

Imprimez les principes grâce à l'hyper mémoire

Votre cerveau retiendra aisément toutes les histoires que vous venez de lire et il réalisera pour vous la synthèse de tous les principes énoncés.

Adrien Rivierre, dans son ouvrage L'homme est un conteur d'histoire, a montré comment les récits structurent votre pensée et permettent de décoder le monde qui vous entoure. Les histoires s'impriment dans votre cerveau par un phénomène d'hyper mémoire, ceci grâce au flot d'émotions véhiculées pendant votre lecture.

Ayez donc pleinement confiance en vous et en vos capacités naturelles. Les douze principes énoncés ci-avant vous permettront, j'en suis convaincu, de devenir la meilleure version de vous-même.

RÉFÉRENCES BIBLIOGRAPHIQUES

LIVRES

- Henri Bergson (2015), Le Livre de Poche — *Œuvres complètes*
- Albert Camus (2015), Gallimard — *Le mythe de Sisyphe*
- Mihaly Csikszenmihalyi (2006), Pocket — *Vivre*
- William James (2007), Flammarion — *Le Pragmatisme*
- Robert Greene (2019), Alisio — *Les lois de la nature humaine*
- Baruch Spinoza (2019), Robert Laffont — *Œuvres complètes*
- Karl Safafidis (2013), Eyrolles — Bergson — *La création de soi par soi*
- Arthur Schopenhauer (2014), Puf — *Le monde comme volonté et comme représentation*
- Antonio R. Damasio (2005), Robert Jacob — *Spinoza avait raison : joie et tristesse, le cerveau des émotions*
- Dr Richard Meyer (2013), Guy Tredaniel — *La pleine présence : Une méditation basée sur les 12 principales psychothérapies*
- Adrien Rivierre (2019), Marabout — *L'homme est un conteur d'histoire*
- Boris Cyrulnik et Philippe Bouhours (2019), Odile Jacobs — *Sport et résilience*

INTERNET

Match Lendl-Chang
https://www.ina.fr/video/CAC02045410

Match Kasparov - Deeper Blue
https://youtu.be/NJarxpYyoFI

Chang vs Lendl - The New York Times
https://youtu.be/T9_smUdMql4

Comment Roger a réinventé Federer ou l'histoire d'une résurrection
https://www.eurosport.fr/tennis/open-d-australie/2018/comment-roger-a-reinvente-federer-ou-l-histoire-d-une-resurrection_sto6471545/story.shtml

Training autogène de Schultz
http://www.chups.jussieu.fr/polysPSM/psychomot/relaxation1/POLY.Chp.1.html

Les treize vertus de Benjamin Franklin – blog 357
https://youtu.be/oHLITWMVh70

Les 13 vertus américaines
https://www.herodote.net/Le_parangon_des_vertus_americaines-synthese-203.php

Tim Rives – Article - Ok we'll go
https://www.archives.gov/files/publications/prologue/2014/spring/d-day.pdf

Météo france – débarquement 1944
http://www.meteofrance.fr/actualites/7222002-juin-1944-le-debarquement-repousse-

La toge et le glaive – Marcus Attilius
http://latogeetleglaive.blogspot.com/2015/09/

Olympic Channel - Dix Parfait de Nadia Comaneci
https://www.olympicchannel.com/fr/video/detail/le-dix-parfait-de-nadia-comaneci

Olympic Channel - Fosbury révolutionne le saut en hauteur
https://www.olympicchannel.com/fr/video/detail/le-fosbury-flop-revolutionne-le-saut-en-hauteur/

La mort de Socrate
https://www.wikiart.org/fr/jacques-louis-david/la-mort-de-socrate-178

Apologie de Socrate de Platon
https://la-philosophie.com/apologie-de-socrate-de-platon

Etat de Flow
https://www.ted.com/talks/mihaly_csikszentmihalyi_flow_the_secret_to_happiness?language=fr

Enzo Maiorca - 1
https://www.lemonde.fr/sport/article/2016/11/13/mort-du-plongeur-italien-enzo-maiorca-heros-du-grand-bleu_5030419_3242.html

Enzo Maiorca - 2
http://www.plongeur-dz.com/site/index.php/magazine/plongee-sous-marine/personnage/item/95-enzo-maiorca

Barack Obama – 2008
https://youtu.be/LEo7lzfpdCU

Neil Amstrong
http://lafilledanslalune.fr/le-jour-ou-neil-armstrong-et-buzz-aldrin-ont-marche-sur-la-lune/

www.ina.fr

www.99designs.fr

https://www.europe-echecs.com/

https://echecs-et-psychologie.fr/

Éditeur : Tayeb NAIDJI – Strasbourg
Achevé d'imprimer en mars 2020
ISBN : 978-2-9561861-37
Dépôt légal mars 2020

www.ingramcontent.com/pod-product-compliance
Ingram Content Group UK Ltd.
Pitfield, Milton Keynes, MK11 3LW, UK
UKHW021657190726
13853UKWH00001B/324

9 782956 186137

ANTOINETTE DE BOURBON,

DUCHESSE DE GUISE,

d'après le tableau sur bois conservé à l'hopital de Joinville.

NOTES ET DOCUMENTS

POUR SERVIR A L'HISTOIRE

DE

JOINVILLE

PAR J. FÉRIEL,

Correspondant du Ministère de l'Instruction publique pour les Travaux historiques ;
ancien Secrétaire de la Société historique et archéologique de Langres ;
Correspondant de la Commission départementale des Antiquités de la Côte-d'Or ;
de la Société d'Histoire et d'Archéologie de Chalon-sur-Saône ;
de la Société Éduenne, etc.

AVEC PORTRAIT,

SCEAUX, MÉDAILLES ET FAC-SIMILE.

Interroga de diebus antiquis.
(Deut., IV, 32.)

JOINVILLE,

LEPOIX, LIBRAIRE,

GRANDE RUE.

1856

HOPITAUX.

Saint-Jean. — La Magdelaine. — L'Hôpital Sainte-Croix.

La libéralité des anciens seigneurs « qui ont le temps passé donné bruit et lustre au pays, » dit un vieil écrivain en parlant de Joinville, ne s'était pas épuisée à bâtir des églises et à doter des monastères, elle sut encore satisfaire la religion et l'humanité en fondant des hôpitaux et en pourvoyant au soulagement des pauvres souffrants.

Le plus ancien des établissements charitables, placé au faubourg Saint-Jacques, près du prieuré de ce nom et au-delà du couvent de la Pitié, ne se voit plus aujourd'hui. L'époque de sa fondation n'est pas connue ; elle était antérieure au douzième siècle. L'hôpital était destiné à nourrir et à loger les pauvres passants. Un tableau sans date, placé dans l'une des salles, réglait ainsi les devoirs du gardien :

HOSPITAL SAINCT IEAN DE IONVILLE.

« Le Gardien dudict Hospital est obligé de recevoir en
» icelluy tous les pauvres passants qui s'y présenteront sans
» aucun mal dangereux ni contagieux suivant la visite et
» certificat de chirurgien dudict Hospital et demanderont à
» y entrer et coucher pour l'honneur de Dieu et ce pendant
» deux jours et deux nuits seulement ; et leur fournir du
» bois pour leur chauffage ensemble des pots, plats, écuelles
» et autres ustencilles dudict Hospital pour leur soulagement
» et nécessité ; mesme des herbages et autres fruits prove-
» nant du jardin d'icelluy, avec le luminaire pour leur ré-
» fection et coucher en cas de nécessité et généralement
» faire tant de jour que de nuit toutes les choses qu'il est
» obligé à l'endroit desdicts pauvres pour leurs nécessités
» soulagement et contentement. Sans que pour l'entrée
» d'iceulx audict Hospital séjour ou sortie, ni pour leursdicts
» chauffage, coucher, ustencilles, herbages, fruits, lumi-
» naire, soulagement et service, ni pour quelques autres
» choses et fournitures procédantes et dépendantes dudict
» Hospital, lesdicts pauvres soient tenus ni obligés de payer
» ni donner aucune chose audict gardien n'y à d'autres sui-
» vant l'intention de Madame et des fondateurs dudict
» Hospital. »

Cet asile charitable était anciennement désigné sous le nom de Maison-Dieu, *Domus Dei* et d'Hôtel-Dieu. Une charte latine, conservée aux archives départementales de la Haute-Marne, fait connaître qu'en 1190 Geoffroy, sire de Joinville, et sa mère Helvide, du consentement de l'abbé de Saint-Urbain, font donation au prieuré de Saint-Jacques de la Maison-Dieu de Joinville avec ses dépendances et du bois sec de la forêt de Fays, nécessaire à cette maison.

En 1263, Jean, sire de Joinville, y fit construire une nouvelle chapelle; nous transcrivons le titre qui s'y réfère; aucun acte émanant de l'historien de saint Louis n'est indifférent pour nous.

« Je Jehan sires de Joinville Senechaux de Champaigne » faz savoir à tous ceux qui verront et ouront ces lettres que » nostre amez frères Joiffroiz par la pacience de Dieu abbés » de sainct Orbain chapelains de nostre pere lapostole m'ai » otréei à faire une capelle de novel en la Maison Dieu » de Joinville par teil condicion que li droiz de liglisse de » sainct Ourbain et li droiz de les priorez et de liglisse pha- » rochial de Joinville i soit saus et de quelque oure que on » i establisse prevoire pour chanter en cele chapele ainsois » que il soit establiz il est tenuz à faire sairement à l'abbé » davant dit et à liglisse de Sainct Ourbain que il toutes les » les offrandes de quelconques cause que les vainnet a en » ladicte capele toutes sans diminucion est tenuz à rendre » et à restablir enterinement au priolez et à léglisse de » Joinville pharochal ne li devant diz abbés ne retient riens » en ce que on donra pour aumogne à leuvre de la Maison- » Dieu ne de la chapele davant dite. La devant dite chapele » sera touz jours mais sanz cloche et sain de metal fors que » une petite clochete à main que on sone en l'élévacion dou » cors nostre signour et si ni pourra on faire cimitière. Et

» à savoir que li dons ou la présentacions de ladite chapele-
» rie demoure à touzjourz à moi et à mes successours si-
» gnours de Joinvile sauf les droiz en toutes choses et par
» toutes choses qui de lonc tans ce en arriers apparteinent
» à liglisse de Saint Ourbain et à ses priorez et à liglisse
» pharochal de Joinvile. Ce fu fait à Joinvile en l'an de grâce
» m. deux cenz et sixante trois anz ou mois de décem-
» bre (1).

Ferri II de Lorraine, dans un testament daté à Joinville, du 30 août 1470, et rapporté dans D. Calmet, en parle en ces termes :

» Item moy recordant que au moyen des guerres et affai-
» res que feu mondit seigneur et père ost par le passé, il fit
» démolir un saint lieu qui estoit l'hospital et logis des po-
» vres audit Joinville, lors assis près de léglise et prieuré de
» Saint Jacques, dont son âme pourroit avoir été chargée
» aucunement ; désirant le salut et décharge dicelle et aussi
» me recordant que par plusieurs fois là ou j'ay esté tant en
» exerçant la guerre comme aultrement ès royaumes de Na-
» ples, Sicile, Italie, Aragon et ailleurs, ay et mes gens esté
» reçus et logés en plusieurs lieux et hospitaux ; desirant
» tonsiours edifier au salut des âmes de moy et de mes pré-
» décesseurs, veulx et ordonne par ces dites présentes qu'il
» soit prins et levé pour une fois sur tous mes biens délais-
» siez par mondit trespas la somme de deux mille ducats

(1) Ce titre, en bon état de conservation, existe aux archives de la Haute-Marne. Au parchemin sur lequel il est écrit pend un sceau de cire jaune qui représente d'un côté le seigneur de Joinville sous la figure d'un cavalier l'épée à la main, de l'autre son château. Il a été publié dans une Notice sur le sire de Joinville. *Chaumont*, Ve Miot, 1853.

» d'or ou pour iceulx la somme de trois mille livres tonrnois » que je veulx et ordonne estre employés tant à la réédifica- » tion dotation et augmentation diceluy que ès meubles et » autres ustansilles propres à ce et nécessaires; Lequel je » veulx estre fait au lieu où il séoit ou aultre plus convenable » qui par mes exécuteurs sera advisé; et pour iceulx gouver- » ner et entretenir, veulx et ordonne que mondict fils ainé » René de Lorraine en ait pour le premier an la charge et » gouvernement et de là en avant soit gouverné par l'un des » plus notable bourgeois et manans de nostredite ville de » Joinville, à rechange d'autre chascun an (1). »

Yolande d'Anjou, reine de Sicile, femme de Ferry II, parle aussi de l'hopital de Joinville dans son testament : « Item » dit-elle aux notaires du tabellionage de Bar qui écrivirent ses dernières volontés le 22 février 1483, « que l'hospital que « feu nostre mary a fait faire à Joinville, s'il y a « aucune chose à y faire et besoigner, que nosdits « exécuteurs y parfassent. »

Claude de Lorraine, duc de Guise, et Antoinette de Bourbon sa femme (2), furent encore les bienfaiteurs de cette maison dont les bâtiments ont été

(1) *Hist. de Lorraine*, 1752. T. VI, Preuves, p. ccxvj et ccxxxij.

(2) Les armoiries de Claude et d'Antoinette étaient placées dans la chapelle de l'hôpital Saint-Jean. Un procès-verbal du lieutenant au bailliage de Joinville, du 26 mai 1676, induit à penser que le duc et la duchesse de Guise en étaient les fondateurs ; cette erreur se trouve reproduite dans un registre de l'hospice portant la date de 1809-1810.

plus tard réunis au monastère de la Pitié et dont les revenus passèrent à l'hôpital Sainte-Croix, où, pour cette raison, on reçoit les pauvres voyageurs dans une salle particulière qui porte le nom de salle Saint-Jean.

Une affreuse maladie, qui heureusement pour le genre humain a disparu complètement de nos contrées, la lèpre, exerça jadis ses ravages à Joinville. Plus d'une fois aussi, des maladies pestilencielles s'y manifestèrent, notamment dans les années 1568, 1586 et 1631. On établissait alors des *logettes de santé* loin des habitations et on y reléguait les pestiférés.

A l'extrémité du faubourg de Lorraine, était une léproserie ou maladrerie appelée *la Magdelaine* et dont l'origine remontait fort loin. Les vicaires de Joinville desservaient autrefois cette maison et recevaient un traitement sur ses revenus. Mais le fléau de la lèpre étant devenu plus rare, on réunit à l'hôpital Sainte-Croix les dotations de la Madelaine, dont les bâtiments n'ont complètement disparu qu'à la fin du siècle dernier.

L'hôpital Sainte-Croix, le seul qui reste debout, a été édifié en 1567. La dédicace en a été célébrée le 13 décembre 1573, jour où les statuts et règlements ont été pour la première fois publiés (1). On doit sa fondation à la duchesse de Guise Antoinette de Bourbon et à son fils le célèbre cardinal Charles de Lorraine (2).

L'établissement est vaste et bien bâti; il jouit de revenus plus que suffisants pour l'entretien et le soulagement des malades qui l'habitent. La grande salle, dont on apercevait encore il y a quelques années la charpente, aujourd'hui masquée par un plancher, contient 31 lits et se termine par une chapelle qui serait plus convenablement placée dans une autre partie de l'édifice. Les malades sont soignés par des sœurs de l'ordre de Saint-Charles-Borromée de Nancy, au nombre de onze. Un médecin en chef et deux chirurgiens font le service sanitaire dans cette salle et dans une autre destinée aux militaires. Vingt-deux lits

(1) Ils ont été imprimés sous ce titre : « Ordonnances et Règlements pour la conduite et gouvernement de l'Hopital Saincte Croix, fondé en la ville de Joinville par Monseigneur l'illustrissime et révérendissime Charles cardinal de Lorraine, archevesque duc de Reims, premier pair de France, et par très haute et très puissante princesse madame Anthoinette de Bourbon, duchesse douairière de Guise, sa mère. » — *Troyes;* Noel-Moreau, 1614, in-12 de 59 pages. — *Joinville,* J.-B. Monnoyer, 1725, in-18 de 34 pages.

(2) Le titre de fondation n'existe pas aux archives de la maison, « mais il demeure pour constant et indubitable qu'il » a été bâti et édifié... le jour de sainte Lucie, au mois » de décembre 1570 suivant le premier registre des élections » et délibérations dudit hopital. » (*Note de l'inventaire des papiers et registres, dressé en* 1749.)

sont disposés dans ce second bâtiment ; quatre autres ont en outre été placés dans une pièce qui sert de prison aux détenus malades.

A ces constructions on a réuni deux salles nouvelles pour y loger des septuagénaires indigents ; Cette dernière fondation ne remonte qu'à l'année 1826.

L'enfance comme la vieillesse trouve aussi des soins dans cette maison. Sans parler d'un ouvroir établi il y a quelques années, les jeunes filles pauvres sont instruites gratuitement par deux sœurs hospitalières dans un local commodément distribué, mais aujourd'hui trop restreint, qui date de 1816.

Avant l'établissement des sœurs hospitalières, le service intérieur de la maison se faisait sous la direction d'une *Maîtresse,* par quatre *servantes,* filles ou veuves qui recevaient *douze livres de gages annuels et trois aulnes de drap pour une robe.* Après avoir servi six ans au moins, elles pouvaient, si elles se mariaient, recevoir une dot de vingt-cinq livres tournois sur les revenus de la maison. L'administration des biens était confiée un *Receveur, notable personnage et bien caunné* et à un économe ou *Boursier* qui chaque jour devait remettre à la Maîtresse (1) *les viandes, pain, vin, bois, fagots, charbon, pruneaux, amandes, orge, sucre et autres choses nécessaires, suivant un estat dressé par le conseil.* Le service divin devait être fait alternativement chaque semaine par deux prêtres *de bonne vie et suffisante littérature,* qui recevaient cent livres tournois par année.

Un conseil d'administration veillait aux intérêts de la maison ; il se composait du Bailly, du Procureur fiscal, du Curé de la ville et du Doyen de l'église seigneuriale Saint-Laurent. On y adjoignait par voie d'élection des membres choisis dans une confrérie établie à Joinville en l'honneur de la Sainte-Croix (2).

(1) Antoinette de Bourbon, fondatrice, avait été la première Maîtresse ; elle a laissé d'elle un portrait sur bois qui la représente dans un âge avancé. On conserve aussi à l'Hôpital les portraits en pied de Claude de Lorraine, du cardinal Charles, de François de Guise et de Henri dit *le Balafré.* La maison possède en outre deux beaux portraits sur émail de Claude et d'Antoinette.

(2) Toute personne « catholique et de bonne renommée » pouvait faire partie de l'association à la charge de payer pour son entrée dix sols tournois et une cotisation annuelle de douze deniers. L'hôpital possède un registre de 1573 à 1599 mentionnant les paiements faits par chaque confrère ; les cardinaux, princes et princesses de Guise y sont inscrits ainsi que l'évêque de Verdun, l'abbé de Cheminon et divers officiers de la seigneurie de Joinville. Le costume était, pour les

Ainsi que nous l'avons dit, les revenus de l'hôpital actuel s'étaient accrus de ceux de différentes maisons de charité successivement supprimées. En 1572, on y réunit ceux des prieurés de Vanault-le-Chatel et de Sainte-Ame (1), et deux canonicats de Sailly.

En 1696, on avait rattaché à l'hôpital Saint-Jean les maladreries de la Magdelaine et de Boucheraumont (2); par lettres-patentes du mois d'octobre 1710, enregistrées au Parlement le 6 septembre 1714, le roi prononça la réunion de tous ces hôpitaux à celui de Sainte-Croix. Les revenus de ces divers établissements, bien qu'administrés par les mêmes personnes, demeurèrent longtemps distincts et séparés ; le receveur rendait trois

hommes, un sac de toile noire avec une ceinture et un fouet de cordes; pour les femmes, une cape de serge noire et un chapelet. Chaque membre dans les processions portait en outre une lanterne.

(1) Le prieuré de Vanault-le-Chatel dépendait de l'abbaye de Gorze. Celui de Sainte-Ame, très rapproché de Joinville, appartenait à l'abbaye de Saint-Urbain.

(2) Boucheraumont était une maison de charité fondée au treizième siècle, près de la rivière du Rognon et non loin de Donjeux, par Béatrix d'Arzilières, épouse de Guy de Joinville. On y voyait encore il y a quelques années une chapelle dédiée à saint Louis. Les biens de cette maladrerie ne sont pas restés à l'hôpital Sainte-Croix ; ils ont été vendus en 1749 au marquis de Lesperoux, seigneur de Donjeux, moyennant 16,000 livres. — Béatrix d'Arzilières avait sa sépulture à Boucheraumont.

comptes: un pour Sainte-Croix, un autre pour Saint-Jean et le troisième pour les canonicats de Sailly; en 1794 seulement, les revenus ont été confondus.

Pour favoriser la réunion des divers établissements de charité, le duc d'Orléans, alors prince de Joinville, abandonna à l'hôpital actuel une place où se trouvaient des pressoirs lui appartenant. C'est là qu'on établit la salle dite de Saint-Jean, pour recevoir, suivant la destination de la maison supprimée, les passants pauvres et les soldats malades.

MONASTÈRES.

La Pitié.

Vers le milieu du seizième siècle, à une date qui n'est précisée dans aucun titre, mais qui paraît remonter à 1530, un monastère de religieuses bénédictines fut établi à l'extrémité du faubourg Saint-Jacques, tout près d'un prieuré qui donnait son nom au faubourg (1). Le bâtiment a toujours conservé le nom de Notre-Dame-de-Pitié, sous l'invocation de laquelle il était placé.

Antoinette de Bourbon et Claude de Lorraine en furent les fondateurs. C'est dans une des salles de ce couvent que fut déposée après la mort du noble baron, l'effigie en cire qui le représentait et

(1) Les archives départementales de la Haute-Marne possèdent différents titres relatifs au prieuré de Saint Jacques; le plus ancien est une sentence de Guy, évêque de Châlons, entre Martin, abbé de Saint-Urbain, et Pierre, chapelain de Joinville; il est de 1181.

à laquelle on servit pendant huit jours un repas splendide dont les mets étaient ensuite distribués aux pauvres (1).

Le titre de fondation ne fut donné qu'en 1553, par la duchesse douairière de Guise ; on le trouvera plus bas. Il établit dix religieuses et deux converses, sous l'obédience de l'abbaye de Saint-Pierre de Reims. Les bénédictines au décès de leur supérieure présentaient deux d'entre elles à l'abbesse de Saint-Pierre de Reims à qui était réservée l'élection.

En 1557, on réunit au couvent de la Pitié le prieuré de Saint-Jacques, dépendant de l'abbaye de Saint-Urbain. Claude Buat qui en était alors prieur commendataire, s'étant démis de son bénéfice, le pape Paul IV, du consentement du cardinal Charles de Lorraine, abbé de Saint-Urbain, prononça sa suppression et son incorporation au monastère de la Pitié qui était contigu. On y réunit aussi quelques années plus tard un canonicat de Sailly.

En 1718, le monastère s'agrandit des bâtiments et des jardins de l'hôpital Saint-Jean, dont il fit

(2) *Le très excellent enterrement du très-haut et très-illustre prince, Claude de Lorraine, duc de Guyse, etc.*, par *E. du Boullay, roy d'armes de Lorraine,* Paris 1550.

l'acquisition moyennant trois mille livres. Les religieuses en réclamaient depuis longtemps la suppression. Nous transcrivons ici une curieuse requête présentée à cet effet vers 1687 à mademoiselle de Guise, princesse de Joinville :

« Supplient et vous remonstrent très-humblement les « prieure et religieuses du monastère de Nostre-Dame de-« Pitié-les-Joinville disant qu'il y a joingnant leur dit mo-« nastère, un hospital soubs le nom de Sainct Jean qui au-« trefois estoit le seul hospital qu'il y eût pour ladite ville. « Mais depuis que le grand hospital du nom de Sainte-Croix « et de la fondation de vos très-illustres prédécesseurs a « esté baty, celui de Saint-Jean n'a servi qu'à y retirer quel-« ques gueux passants, la plus part fénéans et vagabonds, « quelques uns mesme voleurs, trainans avec eux des femmes « et filles sans qu'ils paroissent estre mariés, qui y passent « quelquefois les nuits à danser et à boire jusques à s'eny-« vrer au grand trouble et scandale desdites religieuses qui « entendent distinctement ces désordres qui leur ostent le « repos et la seureté, ny ayant que la muraille qui sépare « ledit monastère d'avec ledit hospital; surquoy lesdites re-« ligieuses ont toujours oui leur anciennes jetter de grans « soupirs vers le ciel pour obtenir de Dieu un remède à ce « mal. Mais leur estant venu fortement à l'esprit que Dieu a « réservé à V. A. la gloire de cette bonne œuvre avec celle « d'une infinité d'autres quelle fait tous les jours, elles ont « pris la liberté de lui adresser la présente requeste pour « qu'il lui pleut, considéré ce que dessus, convertir ledit « hospital en quelque autre œuvre pie plus à la gloire de « Dieu et plus utile au public, et à cet effet ordonner que « les bois dudit hospital soient attribuez au grand hospital

« de Sainte-Croix, qui n'en a point pour les pauvres de la « principauté ; que la place dudit hospital Saint-Jean avec « ses bastiments soient adjugez audit monastère après estimation faite, pour les deniers en provenant estre pareille- « ment employés à ce que Dieu suggérera à V. A., pour la « prospérité et conservation de laquelle lesdites religieuses « seront obligées de redoubler leurs vœux. »

Cette requête resta sans décision, la princesse de Guise craignant ainsi qu'elle le fait pressentir dans une lettre du 28 octobre 1687, que l'ordre de Saint-Lazare-de-Jérusalem ne réclamât des droits sur l'hôpital Saint-Jean.

En 1705 une nouvelle supplique des religieuses, conçue à peu près dans les mêmes termes, fut présentée au duc d'Orléans prince de Joinville; communication en fut donnée par ses ordres à l'évêque de Châlons et aux administrateurs des hôpitaux de Saint-Jean et de Sainte-Croix qui émirent un avis favorable. Le prince, en son conseil, approuva le projet de réunion des hôpitaux « a condition que l'hospitalité qui s'exerçoit à l'hôpital Saint-Jean, seroit de même exercié en celui de Sainte-Croix etc. » Le titre est du 8 août 1710, approuvé par lettres patentes du roi données à Versailles au mois d'octobre et enregistrées au parlement le 6 septembre 1714.

Les religieuses ne firent leur acquisition que quatre années plus tard.

La foudre éclata sur le couvent de la Pitié le 6 septembre 1756, elle y détermina un violent incendie qui réduisit en cendres l'église et une portion notable des bâtiments. Les cloches elles-mêmes ne purent résister à la violence du feu, elles furent fondues. Quelques jours après les religieuses dispersées par la ville, se réunirent à leur prieure. Elles trouvèrent un asile dans la portion de l'édifice qu'avaient épargnée les flammes, et elles firent leur office dans la chapelle de l'hôpital St-Jean qu'on avait conservée.

Le monastère fut complètement rétabli et la nouvelle église bénite en 1773.

Le couvent de la Pitié vendu comme bien national, mutilé et défiguré sans être anéanti, s'est rouvert après un demi siècle de dévastations, non plus à l'ordre des bénédictines pour lequel il avait été fondé, mais à des religieuses de l'Annonciade céleste qui, de Saint-Denis où les travaux stratégiques ont envahi leur demeure, sont venues en 1842 chercher un refuge dans le diocèse de Langres, jadis doté par l'évêque Sébastien Zamet d'une maison de cet ordre.

Voici le titre de fondation du couvent de la Pitié :

Anthoinette de Bourbon, douairière de Guyse et d'Aulmaille, vesve de très hault, très puissant et très excellent prince et Sgr, Mgr Claude de Lorraine en son vivant duc de Guyse et d'Aulmaille, per et premier chambellan de France, gouverneur et lieutenant général pour le roy en ses pays et duché de Bourgoigne, à tous ceux qui ces présentes lettres verront, salut :

Comme du vivant de nostre dit feu seigneur et espoux et quelque temps avant son décès et trespas, en commémoration des grandes gratuités et bienffaits qu'il a pleu à Dieu nostre souverain seigneur nous faire et impartir depuis le premier jour de nostre naissance jusqu'à ce jourd'hui, et mesme tandis qu'avons esté ensemble tant en biens temporels que en l'heureuse postérité et lignée qu'il a pleu à Dieu nous donner et laisser; considérant toutes ces choses procéder de son infinie clémence et bonté et désirant de faire comme nous devons la recoignoissance envers luy et luy en rendre quelques gratitudes, l'intention de notre dit feu seigneur espoux et la nostre eust esté de fonder en l'honneur de Sa Majesté divine et de sa très sacrée et glorieuse vierge et mère Marye, ung monastère et église soubz le nom et protection de N. D. de Pitié, et à ceste fin eussions faict construire et édifier près la ville de Joinville, hors la porte nommée Saint-Jacques au pied du chasteau de ladite ville ung bastiment en forme de monastère enclos et fermé de murailles ainsi qu'il consiste et se comporte et en icellui fait venir quelque nombre de religieuses, lesquelles depuis ce temps là faisants le service divin y ont esté toujours nourries, substantées, alimentées et entretenues par nostre dit feu seigneur espoux et nous, attendant la commodité de les pouvoir suffisamment doter et renter suyvant la délibération que luy et nous y avons prinse, laquelle délibération, ayant esté nostre dit feu seigneur espoux par la volonté et disposition de Dieu prévenu de mort, n'a pu estre mise en exécution de son vivant; ne voulant toutesfois ceste bonne intention demeurer imparfaicte et sans effect, mais l'accomplir et l'achever au mieux qu'il nous sera possible, SCAVOIR FAISONS que pour les considérations dessusd. avons voué, consacré, dédié et donné, vouons, consacrons, deddions et donnons à Dieu nostre souverain seigneur, ledit bastiment et monastère pour y être son saint nom perpétuellement loué, magnifié, glorifié et exalté. Voulons et ordonnons par les présentes que ledit monastère sera nommé et appelé *le Prieuré N. D. de Pitié près Joinville* et qu'en icellui seront dès maintenant et a tousiours demeurantes et résidantes ordinairement dix religieuses et deux converses. Lequel prieuré et religieuses nous voulons estre subjectes et deppendantes immédiatement en toutes visitations, corrections et disciplines, commendemens et obédiences, de l'abbaye de Saint-Pierre en la ville de Reims. En recognoissance de laquelle subjection et obédience seront lesdites religieuses tenues payer par chascun an au jour sainct Remy, chef d'octobre, à l'adresse et couvent dudit S. Pierre present et advenir, deux livres de cyre blanche, sans aucune diminution touteffois des droits puissance et auctorité que de droit ou costume N. S. P. le Pape, MM. les archevesques de Reims et evesque de Châalons à cause de leur supériorité, peuvent avoir sur ledit prieuré. Duquel les religieuses seront réformées, tiendront la regle de S. Benoist et vivront selon la réformation dudit couvent de S. Pierre de Reims, tant en habit cérimonies que observations régulières et autres constitutions et ordonnance dicelluy couvent de S. Pierre faictes ou a faire. Et seront tenues lesdites religieuses de faire et célébrer tous les jours l'office et service divin tout ainsi que font celles dudit S. Pierre de Reims et de chanter toutes ensemble à haulte voix par chacun jour à l'issue de leur grande messe à l'intention de nostre dit feu seigneur espoux, *Stabat mater dolorosa;* et comme on a accoutumé de faire tous les lundis de la sepmaine, pour l'intercession en général des ames de tous les pauvres trépassés une procession par leur église et autour de leur cloistre, seront aussi tenues par chascun an perpetuellement le xij[e] jour d'apvril célébrer un service solemnel des trespassés pour l'asme de nostre cher feu seigneur espoux qui décéda à tel jour, et un pareil tous les ans au jour de nostre décès a nostre intention. Et davantage seront tenues lesdites religieuses tous les ans le premier jour de l'an, dire et chanter après l'élevation du *Corpus domini* de leur grand messe : *te jure laudant, te adorant, te glorificant omnes creaturæ tuæ ô beata trinitas ; tibi laus, tibi gloria, tibi gratiarum actio*, et aussi l'oraison *protectorum in te sperantium* et à la fin d'icelle oraison *Pater noster* et *Ave Maria* à l'intention de nostre très cher et très aymé fils François de Lorraine duc de Guyse, per et grand chambellan de France, prince de Joinville, marquis de Mayne, gouverneur et lieutenant général pour le roy en ses pays du Daulphiné et Savoye, en louant et remerciant N. S. de ce que à tel jour il lui pleut délivrer nostre dict filz de l'obsidion des Allemands, Espagnols, Italians et Flammantz, lesquelz soubz l'empereur Charles le Quint ennemy du roy de France, tenoient nostre dit filz aisné assiégé dans la ville de Metz ; suppliant devotement ledit seigneur vouloir tousiours préserver et garder nostre dit filz et nos aultres enfants de semblables et tous aultres inconvénients. De toutes lesquelles choses et pour l'accomplissement d'icelles lesdites religieuses seront tenues s'obliger par veu solennel moyennant lesquelles nous les avons fondées et dotées leur baillant ceddant délaissant et transportant dès maintenant et a tousiours pour elles et leur couvent les terres, rentes et possessions qu'ilz sensuivent. Cest ascavoir le lieu et pourpris ou est assize leur église, cloistre couvent, cymetière réfectoire, dortoir, cuysine, enfermerie, chambre aux ouvrages, granges, estables, vignes, jardins peuplés d'arbres et hortulaiges, puys et aultres commoditez, contenant environ dix arpens de terre, le tout bien cloz et fermé de bonnes et haultes murailles de pierres. Item.... (*Suit la désignation de différents biens à* Pancey, Saudron, Guindrecourt-aux-Ormes, Poissons, Marac et Joinville). Promettant en oultre faire ratiffier, approuver et homologuer la présente fondation par ledit seigneur Roy en ce qui touche le temporel et par lesdits seigneurs évesque de Châalons et archevesque de Reims leurs supérieurs et mesme par nostredit S. Père et le S. siège apostolique, si besoin est, en ce qui touche le spirituel ; de sorte que lesdites religieuses puissent jouir pa siblement de tout le contenu cy dessus. Lesquelles religieuses ne pourront par dessus le nombre de dix religieuses et deux converses recevoir ni admettre aucunes religieuses, sinon en donnant et apportant bien et rente audit couvent et suffisant pour leur nourriture et entretenement leur vie durant.

Et advenant le décès de la prieure dudit prieuré, lesdictes religieuses pourront et auront droit d'eslire deux d'entre elles, lesquelles nommeront et présenteront à ladite abbesse de S. Pierre de Reims presente et advenir, laquelle abbesse eslira celle d'eulx deux qui lui semblera plus ferme et capable et l'instituera en l'administration dudit prieuré, laquelle administration sera perpétuelle. Et pour ceste première fois et tandis que nous vivrons, vacation y écheant, nous y commettrons telle religieuse qu'il nous playra. Et avons ordonné que ceste présente fondation sera leue et récitée de mot à à mot deux fois par chascun an, en un chapitre dudit prieuré auquel assisteront toutes les religieuses ; l'une desdites fois au jour de...... et l'aultre fois quand le commis de ladite abbaye de Saint-Pierre de Reims viendra faire la visitation audit prieuré.

Sy promettons en foy et parole de princesse tout le contenu esd. présentes aux charges et conditions susdites avoir pour bon et aggreable, tenir ferme et stable a tousiours sans y contrevenir en aucune manière que ce soit. En tesmoignage de ce nous avons à ces présentes, signées de nostre main et de nostre secretaire, fait mettre et appendre nostre grand et petit scelz armés de nos armes. Donné à Joinville le Ve jour d'octobre l'an mil vc liij (1553).

Signé ANTHOINETTE et sur le reply ROCHERAU.

Couvent de Saint-Ame.

Dans une histoire manuscrite de l'ancienne principauté de Joinville, que traçait au commencement du dix-septième siècle, avec une érudition quelque peu pédantesque, un auteur, dont le nom est resté incertain (1), on lit ce passage : « Aux deux flancs ou costés de Joinville, sont

(1) Le manuscrit est de 1632; le premier chapitre a pour titre : *L'ancienne et primitive fondation de Joinville nouvellement découverte.* Cet écrit est attribué par les uns « à « Jean Fisseux, avocat en la Cour, lieutenant au bailliage de « Joinville, conseiller du duc de Guise (Charles de Lorraine) « et auditeur en sa chambre des comptes, » par d'autres à un religieux du nom de Saint-Remy. — On en a fait anciennement plusieurs copies en supprimant la plupart des citations ronflantes qui ne font qu'obscurcir et embarrasser le récit.

» contruits deux bastions célestes, l'un, de pères
» cordeliers au prieuré de Sainte-Ame ; l'autre,
» de moniales de l'ordre de Saint-Benoist, doté
» de compétent revenu. »

Le prieuré de Sainte-Ame, beaucoup plus que celui de la Pitié, semblait justifier alors l'expression de *bastion céleste* qu'on lui a pompeusement appliquée. Éloigné d'un kilomètre au moins des dernières maisons de la ville, assis sur le penchant d'une colline, il voyait à ses pieds la Marne découpant la vallée, à ses côtés des vignes et des vergers, plus loin quelques villages entre de riants côteaux, et à l'horizon de verdoyantes montagnes. Joinville, s'élevant en amphithéâtre, avait son château pour couronne ; le bruit de la ville était trop éloigné pour venir troubler ce lieu de silence et d'étude.

Le prieuré, placé sous l'invocation de Sainte-Ame, vierge du Perthois (1) et habité par des bénédictins, dépendait de l'abbaye de Saint-Urbain. Un titre, signé du cardinal de Lorraine et des religieux de cet abbaye, fait connaître que vers 1567

(1) Sainte Ame ou Ama, fille du comte Sigmare, eut pour sœurs Hoïlde, Lintrude, Pusinne, Francule, Libère et Menehould. (V. pour plus de détails la *Vie des Saints du département de la Haute-Marne*, par M. l'abbé Godard. — Chaumont — Ch. Cavaniol, 1855, p. 130.)

le couvent tombait en ruine et que son revenu annuel devait suffire à peine aux réparations.

Le prieur Guillaume Jobert, qui l'habitait alors, demanda sa translation à Joinville et sollicita l'autorisation d'échanger les bâtiments de Sainte-Ame contre une maison située dans l'intérieur de la ville (1).

Les religieux de Saint-Urbain et le cardinal-abbé, accueillirent favorablement cette demande et offrirent à la duchesse de Guise de disposer du prieuré pour y établir, suivant l'intention manifestée par elle, des religieux prédicateurs de l'ordre de Saint-François.

Antoinette de Bourbon accepta l'offre, et fit don de ce couvent à des pères cordeliers qui l'occupèrent jusqu'à la révolution. Le 7 juin 1567, ils en prirent possession, conduits solennellement par les chanoines de l'église Saint-Laurent de Joinville et par le clergé de la ville. Les duchesses de Guise et d'Aumale faisaient partie du cortége, ainsi que deux notaires aposto-

(1) L'historique du prieuré de Sainte Ame, se trouve en grande partie rappelé dans un curieux Mémoire conservé aux archives de la Haute-Marne, et ayant pour titre : *Réponses modestes aux demandes injurieuses de M. Philippe Lalaure, avocat en parlement et substitut du procureur général au bailliage de Joinville*. Ce factum a été écrit en 1666, dans l'intérêt des PP. Cordeliers, au préjudice desquels le sieur Lalaure se serait emparé d'une vigne tenant à leur couvent.

liques et un immense concours de peuple. La prise de possession fut constatée par l'acte suivant (1) :

Anno Domini millesimo quingentesimo sexagesimo septimo, die vero septimâ mensis junii, in nostrorum Claudii Gallois et Joannis Godin presbyterorum Cathalaun. diocesis, in jure canonico baccalaureorum publicorum auctoritate apostolicâ notariorum presentiâ, discreti viri fratres Anthonius Gourdault in sacrâ theologiâ doctor, Gabriel Bolat, Petrus Charbonnier, Eustachius Rogier, Anthonius Bernard, Remigius Leblon et Martinus Bourgis presbiteri religiosi ordinis fratrum minorum provinciæ Franciæ custodiæ Campaniæ ipsum ordinem professi, in capellâ S. Michaelis Jonivillæ sita et instituta existentes, ac ab eadem tunicis dalmaticis et cappis induti cum cruce exeuntes, hymnis que et canticis laudes altissimi Deo reddentes, grandi cum devotione processionaliter prioratum Sanctæ Amæ popè Jonivillam dictæ Cathalaun. diocesis adierunt; assistentibus circonspectis viris Dno Decano et canonicis ecclesiæ collegiatæ S. Laurentii ac Vicario et Clero præfati loci de Jonivillâ cum crucibus; nec non illustrissimis dominabus dominâ Anthonieta a Borbonio ducissâ dotatrice àGuisiâ et DnaLudovicâ de Brézé, ducissâ de Aumalle, ac ingenti utrius que sexus prelibati loci de Jonivillâ multitudine ; stantes que præ foribus ecclesiæ dicti prioratus, prenunciatus frater Anthonius Gourdault guardianus, præfatam illustrissimam Dnam Dnam Anthonietam à Borbonio populum que circumstantem his aut similibus verbis convenit : « Madame et vous Messieurs qui estes présents, nous pauvres « religieux de l'ordre de Saint François vos très-humbles « orateurs icy envoyés de nos supérieurs par obédience, dési-

(1) Cet acte existe aux archives départementales.

« rons et voulons vivre honnestement et religieusement comme « nos pères. Et comme Abraham n'a voulu attenter se empa- « rer de l'héritage ou estoit la double spélonque appartenant « aux enfants de Heth, sans leur gré et consentement (1) « aussi nous déclarons que ne voulons entrer en la maison « de céans au préjudice d'autruy; et pour ce Ma dame, vous « supplyons très humblement que vous plaise manifester « devant ces notaires apostoliques et la vénérable compagnie « cy présente, le vouloir de Monseigneur le révérendissime « cardinal, touchant ce qu'il a ordonné pour notre faict. » — Et ne præfata illustrissima Dna Dna Anthonieta a Borbonio sub his verbis respondit : « Le vouloir de mon fils le cardinal « et le myen, sont vous donner ceste maison pour y demeurer, « y faire le service divin, aller prescher ès lieux circon- « voisins et annuncer au peuple ce que appartient à son « salut. Et mon fils le cardinal, du consentement des « religieux de Saint Urbain, fera expédier et passer le tout « en cour de Rome. » — His dictis prælibati religiosi cum circumstante populo ecclesiam præfati prioratus intrantes, canticum Te Deum laudamus a principio usque ad finem humiliter decantaverunt ; quo finito missam de S. Spiritu summâ cum devotione altâ voce celebraverunt. Missâ que et serviciis hujusmodi finitis, predicti Decanus canonici et clerus cum prænominatis illustriss. Dominabus et populo illic astante ad suas ecclesias et propria remeuntes, præscriptos religiosos in sæpedicto prioratu reliquerunt. De quibus præmissis, dictus frater Anth. Gourdault guardianus, petiit a nobis notariis subsignatis sibi fieri atque tradi publicum instrumentum, quod ei sub hâc formâ concessimus. Actum anno et die prædictis.

Sic Sign. : Godin et Gallois.

(1) Genèse, *Chap.* XXIII.

La duchesse de Guise fit rétablir la maison et l'église du monastère ; près du chœur, elle fit placer un sépulcre magnifique où se voyait le sauveur au tombeau entouré des apôtres et des saintes femmes en pleurs. Anciennement, dans la nuit du jeudi au vendredi saint, on allait visiter ce monument pieux, mais quelques désordres se mêlèrent aux promenades et le pèlerinage fut bientôt supprimé. Déjà plusieurs années avant l'établissement des pères cordeliers, la duchesse de Guise avait fait élever, de Joinville à Sainte-Ame, des stations en pierre en forme d'autels, représentant les mystères de la Passion. Une bulle du pape Pie IV, datée des calendes de novembre 1563, accorde des indulgences aux fidèles qui viendront prier devant ces stations (1).

Le couvent de Sainte-Ame, démoli comme tant d'autres, disparut en 1795. L'acquéreur, Louis Royer, fit hommage à l'église paroissiale de Joinville du sépulcre donné jadis par Antoinette de Bourbon; les nombreux déplacements qu'a

(1) Dans l'inventaire des titres dressé en 1748, et parmi des mentions diverses de dons faits au couvent, nous trouvons à la date du 24 mai 1706 : « Donation par François Fériel, « Magdelaine, Marie et Nicole Fériel, ses sœurs, de la somme « de cinquante livres tournois pour construire la tribune de « l'orgue du couvent ; à la charge de célébrer à perpétuité « trois messes hautes à l'intention des fondateurs. »

subis ce monument, avant d'arriver sous la voûte qui le protége aujourd'hui, l'ont mutilé d'une façon regrettable; toutefois, les saintes images, le Christ surtout, offrent encore un véritable intérêt.

Le voyageur, en quittant Joinville pour aller à Saint-Dizier, voit maintenant, lorsqu'il tourne la montagne, un pan de mur percé de longues ouvertures pour laisser échapper les eaux de la colline ; c'est tout ce qui reste de l'ancien prieuré de Sainte-Ame, et encore le chemin de fer, en entaillant profondément le coteau, menace-t-il d'anéantir complètement ces derniers vestiges.

Religieuses Annonciades

Ces religieuses vinrent de Nancy s'établir à Joinville en 1621. Leur couvent, situé au faubourg d'Ecurey, appelé aussi faubourg de Lorraine et maintenant faubourg du Grand-Pont, n'a plus rien qui le fasse reconnaître; la gendarmerie y a aujourd'hui sa caserne.

La demande qui va suivre, tirée des archives de Châlons-sur-Marne, fait connaître de quelle manière la maison a pris naissance.

REQUESTE

A Monseigneur l'Evesque comte de Châalons, pair de France.

Vos très-humbles filles et servantes les religieuses de l'Annonciate, establies à Nancy, vous remonstrent, qu'induites du zèle de l'augmentation de leur ordre et des prières que plusieurs filles de Joinville et des lieux circonvoisins de notables familles, leur font de les recepvoir audict ordre aux moyens de s'y accomoder, il leur seroit besoing d'avoir à leurs frais une maison et retraite aud. Joinville pour y loger par trop desd. filles soubs la conduite et discipline d'aucunes des anciennes, mères dud. ordre ; sur quoy, ayant eu le consentement de monseigneur de Guyse, prince dud. Joinville, et permission de s'y establir soubs voste authorité ecclésiastique, elles supplient en toute humilité vostre révérendissime paternité de vouloir bien accorder vostre licence, consentement et permission de s'accomoder aud. Joinville, conformément à ce qu'elles ont obtenu de mond. seigneur de Guyse, espérant que Dieu en fera réussir quelque fruict à la gloire de sa divine majesté, utilité du public et à vostre contentement.

Lesd. suppliantes vous requièrent oultre ce, d'estendre vos dicts consentement et permission, non seulement à Joinville, mais aussy par tous les lieux de vostre diocèse.

Veue la présente requeste, avant que respondre et décréter sur icelle, avons jugé estre raisonnable que les suppliantes nous façent paroistre de leur institut et des réglements qu'elles entendent suivre, authorisés et approuvés par Nostre Saint Père, et quelle doit estre leur vocation, ensemble le consentement de monseigneur de Guyse ; pour, le tout examiné, pourvoir sur leur requeste ainsi qu'il appartiendra par raison. Fait à Châalons, l'onzième aoust mil six cent vingt. *Signé* : Cosme, év. de Châalons.

Et le quatorzième jour du mois de mai mil six cent vingt et un, sur la remonstrance qui nous a été de rechef faicte par les suppliantes à ce qu'il nous plaise leur permettre l'establissement dudict monastère aud. lieu : veue copie des bulles de Nostre Saint Père et des Constitutions qui se doibvent garder et observer ès monastères de l'Annonciate ; à nous représentées à veoir le consentement et permission de monseigneur le duc de Guyse de s'establir aud. Joinville ; avons, à icelles suppliantes en tant qu'a nous est, permis et permettons de s'establir aud. Joinville, pour y faire construire et bastir un monastère dud. ordre de l'Annonciate, conformément auxd. bulles et statuts, et soubs le bon plaisir de Nostre Sainct Père et de Sa Majesté ; à charge et condition toutefois qu'elles demeureront soubs la juridiction de Nous et de nos successeurs, conformément auxd. bulles, et que la supérieure sera esleue par les religieuses pour trois ans seulement et ne pourra estre continuée si ce n'est pour causes justes et nécessaires, vu aussi l'advis dud. seigneur évesque ; mais pourra bien estre une autrefois esleue après que d'aultres auront exercé led. office, chacune d'icelles trois ans ; et ce pour exister à perpétuité. A laquelle élection se trouvera led. seigneur évesque ou quelqu'un de sa part, pour donner son advis sur lad. élection et la confirmer.

Faict les jours et an dessusdicts.

Signé : Cosme, év. de Châalons, et plus bas : par commandement de Monseigneur, Maillard.

Lors de la visite pastorale faite en 1626 par l'évêque diocésain, les religieuses étaient au nombre de huit professes seulement. En 1751, lors d'une autre visite, la communauté comprenait : vingt-cinq religieuses de chœur, sept converses, deux novices, une postulante et une pensionnaire religieuse de l'abbaye de Saint-Dizier.

Leur revenu, tant en grains qu'en argent, ne s'élevait alors qu'à trois mille six cents livres environ.

ÉGLISE NOTRE-DAME.

De tous les monuments encore debout aujourd'hui, le plus ancien, sans contredit, est l'église paroissiale, dédiée à Notre-Dame en sa Nativité. On ne sait rien de sa fondation ; des traditions incertaines, des archives presque muettes et des historiens peu clairvoyants, voilà, pour l'église de Joinville comme pour tant d'autres, les seules ressources dont on puisse disposer.

Edme Baugier, doyen du présidial de Châlons, qui écrivit au commencement du dix-huitième siècle des mémoires historiques sur la province de Champagne, en parle en ces termes :

« L'église N.-D., qui est la paroisse, a été fondée par les anciens seigneurs de Joinville ; la charpente du chœur passe pour un chef-d'œuvre en matière de ces sortes d'ouvrages. Thibault-le-Grand, comte de Champagne, et Mathilde, son épouse, ont fait réparer cette église et fait faire le portail qui subsiste encore au-

» jourd'hui et qui étoit assez beau pour ce temps-
» là. On y voit les statues de ce prince et de cette
» princesse qui y sont demeurées en leur en-
» tier avec les marques des bienfaiteurs de cette
» église (1). »

Mais un manuscrit de 1632, que nous avons déjà cité, fait remonter jusqu'à Jovin, fondateur présumé de Joinville, la construction de l'église paroissiale, « laquelle, dit le narrateur, se trouve
» si ancienne qu'il n'en seroit demeuré aucun
» instrument escript. » Il donne des deux statues du portail la description suivante : « L'une au
» costé droit est d'un seigneur présentant à Dieu
» ceste église en l'une de ses mains et de l'aus-
» tre tenant un rouleau pendant, auquel y avoit
» quelques écritures effacées par le temps ; ice-
» lui personnage portoit une couronne en teste,
» en forme de delta ou pointes de rayons. L'autre
» figure au costé senestre est d'une dame ayant
» diadême en forme de trèfle ; esquelles deux
» couronnes restent quelques vestiges d'or. Et
» quant au vestement du seigneur, il est en forme
» de cotte d'armes de couleur rouge ou pourprine,
» selon les marques qui en restent. D'où nous
» pouvons conjecturer, poursuit l'écrivain, que

(1) *Mémoires historiques*, 1721, t. 2, p. 144.

» ce sont les effigies de Jovin et de son espouse. »

Si nous avions à opter entre les deux interprétations, nous serions disposés à croire avec Beaugier que ces effigies devaient rappeler le souvenir des seigneurs de Champagne ou des sires de Joinville, fondateurs ou bienfaiteurs de l'église, plutôt que celui de Jovin et de sa femme, qui vivaient sous l'empereur Valentinien au quatrième siècle de notre ère.

Aucune charte, aucun titre ancien ne parle de la construction de l'église de Joinville. On voit bien de 1250 à 1273 figurer dans quelques actes (1) soit « Maistre Raous, curé, » soit « Bertrans, doyen de la chrestienté et curé de Joinville, » mais nulle part il n'est question de l'église Notre-Dame.

En l'absence de documents écrits, on ne peut qu'interroger l'architecture et tirer de son examen des inductions plus ou moins concluantes pour la date de sa construction.

Cette église appartient évidemment à l'époque de transition où le style roman allait céder la place au gothique et où le plein cintre, à demi détrôné. s'alliait encore à l'ogive victorieuse et envahis-

(1) *Cartulaire de l'église Saint-Laurent*, pièces LII, LV, LXXI, LXXII, LXXXVI et LXXXVII.

sante. Comme l'église de Blécourt, qui nous paraît un peu moins ancienne, mais avec laquelle on trouve une analogie marquée, pour ne pas dire une identité frappante, Notre-Dame de Joinville paraît appartenir au commencement du treizième siècle, ou à la fin du douzième

A l'extérieur, la rose du portail, les trois fenêtres et la rose de l'abside, à l'intérieur, le *triforium* et les arcatures figurées sont du plein cintre ; les arcs des travées, les voûtes et la plupart des baies offrent la brisure ogivale.

Placée au centre de la ville, mais environnée de maisonnettes et de boutiques qui se sont établies entre les contreforts et qui gâtent ses lignes extérieures, l'église paroissiale n'est pas sans intérêt sous le rapport de l'art : elle n'est plus assez vaste pour la population de nos jours. On y pénètre par trois portes : l'une, au nord, qui ne mérite pas d'être autrement mentionnée; l'autre, au midi, et la troisième à l'ouest. Cette dernière, qui forme l'entrée principale, est précédée d'un portique d'environ cinq mètres carrés, décoré de pilastres d'ordre toscan et remontant tout au plus au seizième siècle. On a regardé souvent et bien à tort cette construction comme étant la plus ancienne partie de l'église. Sans doute elle aura remplacé quelque ancien porche qui menaçait ruine, et dont on pourrait encore trouver des traces, mais elle n'a rien qui puisse intéresser l'archéologue ou l'historien.

Dans deux niches extérieures, deux apôtres d'exécution médiocre, figurent où se voyaient jadis les deux statues dont nous avons parlé plus haut ; ces statues ont été brisées en 1794. Le tympan de la porte principale est veuf de ses sculptures; seulement il reste un bas-relief mutilé qui présente quelques scènes de la vie de la Vierge, patronne de l'Eglise. Les tores et les zig-zag composant l'archivolte sont d'un certain mérite ; on y découvre la trace de la peinture et de l'or qui ont dû les recouvrir autrefois. L'ensemble de cette porte et toute la façade ouest du monument, méritent de fixer l'attention de l'observateur.

On descend à l'église par un escalier semicirculaire de douze marches. Le vaisseau n'offre point à l'intérieur la croix latine que dessine la forme des toits ; il se divise en trois nefs aboutissant à des autels et se terminant carrément (1). La nef principale se compose de quatre travées ; de chaque côté, comme à Blécourt, on a figuré

(1) L'église a, dans œuvre, 44 mètres 60 c. de longueur, 19 m. 80 c. de largeur ; la hauteur de la nef principale est de 17 m. 33; celle du chœur de 12 m. 66.

une galerie ou *triforium* à cintres géminés ; des fenêtres ogivales, mais d'une date postérieure, ont été percées au-dessus de cette galerie. Les piliers ont leurs chapiteaux ornés de crochets et de feuillages, ces ornements ont été mutilés ou cachés sous le badigeon. Le chœur est moins élevé que la nef, le sanctuaire moins élevé que le chœur.

Jadis l'abside, comme la partie occidentale, était éclairée par une rose romane et par trois fenêtres symboliques qu'on aperçoit encore du dehors ; mais depuis longtemps un retable cache ces ouvertures, et deux grandes baies ouvertes à droite et à gauche du sanctuaire lui versent de la lumière.

Du côté méridional on a construit au seizième siècle une chapelle dédiée à saint Crépin ; les fenêtres, de forme disgracieuse, aussi larges que hautes, conservent quelques panneaux de vitraux coloriés dans le goût de l'époque. Au nord, on a aussi ouvert une chapelle placée jadis sous le vocable de saint Memmie, patron du diocèse de Châlons ; elle est sans intérêt.

Plusieurs fois l'église paroissiale a été atteinte par l'incendie. En 1544, notamment, l'empereur Charles-Quint affligé de la perte du prince d'Orange, son neveu, tué au siège de Saint-Dizier, vint mettre le feu à Thonnance et à Joinville : le feu n'épargna pas le lieu saint, les voûtes du chœur conservent encore des pierres calcinées et d'autres traces du fléau (1).

Claude de Lorraine, alors seigneur de Joinville, aida beaucoup par ses libéralités à la reconstruction des édifices dévastés par la flamme; le château, si l'on en croit la tradition, soutint bravement l'attaque de l'ennemi et ne se rendit pas. C'est sans doute pour consacrer ce souvenir qu'on a frappé des médailles ou jetons, au millésime de 1544, présentant d'un côté l'effigie du duc de Guise, dont nous parlons, et de l'autre les armoiries de sa maison surmontées d'une couronne ducale (2).

(1) Dans un procès-verbal de visite faite en 1626, par l'évêque de Châlons, et conservé aux archives de la Marne, nous lisons : « L'église, visitée par experts, s'est trouvée en » bon estat et bien entretenue fors les voultes de la nef, lesquelles sont ruineuses et tomberont si elles ne sont » promptement réparées; et s'estant monseigneur enquis » pourquoy les voultes avoient ainsi esté négligées, veu que « tout le reste est bien réparé, a appris que les marguilliers « et paroissiens prétendoyent que le seigneur évesque de « Châalons, comme seigneur des dismes à cause de sa terre « de Thonnance, debvoit les descharger de l'entretenement » de ses voultes; et, en effet, avoient faict appeler au parlement de Paris feu Mgr messire Cosme Clausse, qui par » arrest a esté entièrement deschargé dudit entretenement; » pourquoy ils estoyent sur les termes d'y faire bientost travailler. »

(2) Nous aurons à décrire ces médailles dans une note relative au château du Grand-Jardin.

Vers 1580, on éleva le portail qui regarde la place, il est orné de colonnes cannelées dans le goût de la renaissance. Sur une plaque de marbre noir on lit cette sentence : *FAIS CE QUE TV VOVDRAS AVOIR FAIT QVAND TU MOVRRAS*. Les maisonnettes appliquées contre l'église, bâties en bois jusqu'alors, avaient favorisé l'incendie de Charles-Quint, on les réédifia en pierres à la même époque.

L'intérieur de l'édifice a subi bien des révolutions. L'autel était très-anciennement entouré de colonnes et placé en-deçà du mur ; en 1667 un curé fit tout enlever ; les colonnes furent vendues et l'autel repoussé contre l'abside ; on démolit aussi plusieurs petits autels placés dans la nef et dans les collatéraux, et on abattit un jubé en bois établi à l'entrée du chœur. Toutefois, on laissa jusqu'en 1770, au-dessous du jubé, une lourde balustrade qui laissait à peine entrevoir le sanctuaire. A cette époque, M. Petitjean, curé de Joinville, détermina plusieurs confréries et quelques personnes pieuses à l'érection d'une grille en fer beaucoup plus légère ; on la voit encore aujourd'hui.

Lors de la démolition du château, l'autel majeur de l'église seigneuriale fut, avec son couronnement en cuivre, placé à l'église paroissiale ; mais bientôt un ordre du directoire le fit enlever et conduire à Chaumont ; le métal servit à couler deux canons du calibre de quatre, qui restèrent longtemps à la ville et furent envoyés à Auxonne en 1803.

Plus tard, on éleva un mur devant la grille du chœur lorsqu'on voulut y établir un club ; mais le jour même où devait s'en faire l'ouverture, arriva le décret abolissant toutes ces réunions.

La restauration la plus complète est celle qui eut lieu en 1837 ; le pavé et les bancs furent complètement relevés et remis à neuf. On acheva de remplacer par des grilles en fer les lourdes balustrades qui séparaient le chœur des chapelles latérales ; toutes les boiseries furent repeintes et les dorures renouvelées ; il est à regretter qu'on ait englué de peinture la chaire à prêcher donnée en 1672 par Nicolas Madiot (1) et qu'on l'ait couronnée d'un chou gothique dérobé au pupitre du chœur (2).

(1) Nicolas Madiot, architecte et ingénieur du roi pour la province de Picardie, natif de Joinville, fit des dons assez considérables en livres et en tableaux au couvent des Capucins ; son portrait est conservé à l'église de Joinville.

(2) On remarque dans l'église, au-dessus du maître-autel, une bonne copie de la descente de croix de Jouvenet ; aux piliers de la nef, les portraits des docteurs de l'Église provenant de l'ancien couvent des capucins ; le martyre de saint Sébastien, d'après Lesueur, et diverses autres toiles ayant

Avant 1789, l'église Notre-Dame avait un doyen duquel dépendaient soixante curés. Plus anciennement elle possédait un titre d'archidiacre à la cathédrale de Châlons; l'office s'y faisait presque à l'instar des collégiales par cinq prêtres établis en 1585. Avant eux, les cordeliers de Sainte-Ame venaient y chanter les messes hautes. Trois chapelains, de Saint-Memmie, de Saint-Nicolas et de Saint-Claude, se joignaient aux cinq prêtres ci-dessus; mais aujourd'hui restent seulement un curé et deux vicaires.

Nous ne quitterons pas l'église Notre-Dame sans jeter un regard de regret sur son clocher, naguères encore l'un des plus remarquables de la province. Placé sur le chœur, à la croisée du transept et s'élevant carrément sur huit à dix mètres de côté, il forme deux étages de hauteur inégale, dont l'un est à jours. Des tourelles élégantes ornent les quatre angles; du milieu du dôme s'élevait une flèche surmontée d'une lanterne octogone et d'une croix magnifique. Il y a quelques années il a fallu couper la flèche à sa naissance; les solives étaient vermoulues, une

appartenu à l'église du château. On y remarque encore au pied du grand escalier, un sépulcre en pierre, venant du prieuré de Sainte-Ame et quelques sculptures de l'ancienne collégiale Saint-Laurent.

ruine paraissait imminente. Depuis lors, la ville a perdu, pour toujours peut-être, le charme de son aspect. La fabrique, le conseil municipal et l'administration supérieure n'arriveront jamais sans doute à réparer ce désastre.

Le clocher renfermait anciennement six cloches. En 1793 cinq furent cassées, une seule resta, elle existe encore aujourd'hui. On y lit cette inscription : *Marie de Lorraine, duchesse de Guyse et de Joyeuse, paire de France, sénéchal héréditaire de Champagne* – 1684. ; elle pèse quatre milliers. En 1823, quatre nouvelles cloches sont venues peupler le clocher, deux autres ont été placées en 1850 (1).

L'horloge remonte à 1546 ; jadis la fabrique payait une sentinelle qui logeait au clocher pour y faire le guet, mais elle n'y couchait point par révérence pour le lieu saint.

(1) De 1837 à 1850, il a été dépensé par les soins de M. le curé de Joinville, tant en réparations qu'en embellissements à l'église paroissiale, une somme qui dépasse soixante mille francs.

LE GRAND-JARDIN.

Entre les débris de l'ancien couvent de Sainte-Ame et les dernières maisons du faubourg qui y conduit, se trouve un enclos vaste et bien cultivé, au milieu duquel on voit encore l'ancienne maison de plaisance des ducs de Guise. Bâti vers le milieu du seizième siècle, ce château appartient tout entier à l'architecture de la renaissance, dont il offre un gracieux spécimen. On doit sa fondation à Claude de Lorraine, et à défaut de preuves positives, une tradition constante suffirait pour établir son origine.

Claude de Lorraine vivait à la cour de François Ier; il avait dû y puiser le goût des arts dont les nobles caractères subissent toujours la généreuse influence, et, tandis que le roi de France, créant Chambord et Fontainebleau, favorisait avec enthousiasme le développement d'une révolution architecturale commencée par les artistes d'Italie, Claude de Lorraine, à l'instar du monarque, élevait dans sa baronnie une maison de plaisance digne de rivaliser par la variété de l'ornementation, par la délicatesse et le fini des détails, avec les plus somptueuses constructions de cette époque.

L'habitation seigneuriale a toujours porté le nom modeste qu'elle garde encore aujourd'hui. Peu de temps avant sa mort, le duc de Guise, si l'on en croit son oraison funèbre, « Le cœur
» renforcé contre les mortelz assaulx, alloit et
» venoit par sa chambre et parfois iusques à
» son grand iardin où tout le peuple s'assembla
» en sa grand'salle le iour de *dominicâ in pas-*
» *sione;* et illec fut faicte la prédication après
» disner, où il assista et resiouyt son peuple par
» sa présence (1). »

Au-dessus d'une porte, à l'extérieur, on trouve gravé le millésime 1546 ; sur les pilastres on lit les devises : TOVTES POVR VNE — LA ET NON PLVS, qui furent celles de la maison de Guise (2). Les lettres C. A, initiales de Claude de Lorraine et d'Antoinette de Bourbon, souvent reproduites

(1) *L'Oraison funèbre déclarative des gestes, meurs, vie et trespas du très-illustre prince Claude de Lorraine, etc.* — Paris 1550, page 24.

(2) La devise de René II, duc de Lorraine, père de Claude était : VNE POVR TOVTES. Sur sa bannière, dit Dom Calmet « étoit représenté au bras armé d'or sortant d'une nuée et « tenant une épée avec un roulet où étoit écrite la devise. » — HIST. DE LORRAINE, 1752, t. V, page 376.

par le ciseau du sculpteur, la chapelle sous le vocable de saint Claude, tout annonce que le château du Grand-Jardin doit sa naissance au premier des Guise.

Une histoire manuscrite de la principauté de Joinville, qui remonte à l'année 1632, en donne la description suivante : « Du château, l'on a » pour objet un jardin beau et spacieux, planté » de toutes sortes d'arbres fruitiers, d'orangers, » citronniers, grenadiers et autres, à chacun des » coins duquel sont quatre tours bien faites, et » au milieu un grand pavillon sous lequel sont » les cuisines et garde-manger. Il y a aux deux » bouts deux grandes montées fort larges, et » au-devant un escalier de même pour monter » à une grande salle, qui est au-dessus, de la- » quelle, au côté droit, on regarde une belle cha- » pelle et magnifiquement bâtie ; de l'autre » côté y a chambre, anti-chambre et garde- » robe.

» Dans les fenêtres de la dite salle sont em- » preintes les armoiries royales et celles des al- » liances de la maison de Guise du temps de feu » Claude de Lorraine et de dame Antoinette de » Bourbon, son épouse, dont la description est à la » première fenêtre à main droite.

» Sur la montée sont bâtis deux dômes qui em-

» bellissent le bâtiment par haut, et de l'autre cô-
» té par derrière, il y a un cabinet qui sort de la
» muraille lequel fait un autre dôme bien joli ; et
» tout à l'entour de ce pavillon sont les devises
» et armoiries des sieurs et dames de Guise, des
» cardinaux de la famille (1) et autres.

» Le parterre de ce jardin est arrosé de trois
» fontaines qui sortent des flancs du rocher et
» montagne qui est au-dessus, lesquels font un ca-
» nal large d'une toise et demie, passant au tra-
» vers de ce jardin, où l'on voit à l'œil grande
» quantité de poissons qui y sont nourris. Ce
» parterrre est enrichi de compartiments, entre-
» lacs, bordures, chiffres, cloitures, cabinets, la-
» byrintes, berceaux, arcades et tous autres enri-
» chissements qu'on pourroit souhaiter. Finale-
» ment, il y a aussi un beau jeu de mail pour le
» plaisir des seigneurs, et où, par permission d'i-
» ceulx, les bourgois du lieu peuvent s'aller ré-
» créer et passer le temps.

» Derrière ce jardin il y a un petit bocage épais
» et peuplé de grand arbres aboutissant sur les
» bords de la rivière de Marne, qui va baignant
» de ses ondes repliées l'extrémité du bois. »

(1) Il n'apparaît pas que les armoiries d'un cardinal aient figuré sur les murs du château.

La main du temps, celle plus désastreuse encore des révolutions, le changement de maîtres et la nécessité de transformer en une demeure commode la maison de plaisance d'un baron du seizième siècle, tant de vicissitudes ont altéré sans doute la physionomie extérieure de l'édifice et rendu méconnaissable sa distribution primitive; mais nonobstant la disparition des clochetons, des cheminées et des lucarnes qui décoraient les combles, malgré la destruction regrettable des vitraux historiés et la mutilation de tout ce qui pouvait présenter un symbole féodal, il reste encore à l'ancienne résidence seigneuriale ce cachet d'élégance, cette originalité gracieuse qui caractérisent les belles constructions d'Anet et de Chenonceaux.

Elevé sur un plan rectangulaire, long de quarante-huit mètres, large de douze, le bâtiment n'a, à proprement parler, qu'un étage. Au-dessous de vastes salles qu'on a dû couper pour les rendre habitables, existent des celliers voûtés et parfaitement appareillés ; au-dessus étaient ménagés des logements de service. La porte d'entrée, à laquelle on arrive par un escalier à double rampe qui a remplacé la montée primitive, s'ouvre à l'aspect du couchant ; elle est surmontée d'un bas-relief représentant une bataille et d'une exécution aussi parfaite qu'elle est délicate.

Au levant et au midi, les murs se reflètent dans les eaux d'un vivier qui baigne le pied de l'édifice ; sur le milieu de la façade postérieure se détache un pavillon saillant plus orné que le reste. Les fenêtres sont séparées par des pilastres géminés, et les socles de ces pilastres présentent encore des fragments d'écussons avec des chiffres entiers. On y trouve la trace des armoiries de Guise et de Bourbon-Vendôme, au-dessus desquelles étaient placées les initiales de Claude et d'Antoinette. Les devises sont gravées en creux sur des cartouches qui s'attachent obliquement à la cannelure des montants.

Il faut renoncer à décrire l'ornementation de la frise et de l'appui des fenêtres : des fleurs, des fruits et des feuillages s'attachent en groupes, se mêlent en guirlandes et parfois s'interrompent pour faire place à des têtes d'animaux ou à des figures humaines.

Dans les entrecolonnements, au-dessous des niches, on voit des trophées d'armes, le symbole des saisons, les attributs mythologiques de Mercure. Çà et là on remarque les alérions, la double croix de Lorraine et parfois un bras tenant une épée nue. N'oublions pas un guerrier à cheval foulant aux pieds un captif; ce relief se détache d'un soubassement de la façade orientale (1).

De l'ancienne chapelle, aujourd'hui coupée dans sa hauteur par un plancher, il reste la voûte à plein cintre, ornée de caissons et de cartouches ; mais la montée qui y conduit n'est plus couronnée à l'extérieur de son ancien clocheton ; il en est de même de l'escalier parallèle qui occupe l'angle nord-ouest, et du pavillon saillant au milieu de la façade opposée.

Le toit, recouvert en ardoises et depuis longtemps déjà privé de ses lucarnes, est lourd et triste au regard ; sa charpente est parfaitement conservée. Les tours, qui s'élevaient aux quatre angles du Grand-Jardin, n'existent plus. Les murs de clôture ont été, dans certains endroits, reportés en avant pour agrandir l'enclos, mais le parc boisé qui se rattachait au château en a été séparé pour former, sous le nom de Petit-Bois, une promenade publique, dont la jouissance appartient à la ville.

(1) Le château du Grand-Jardin, vue et détails, a été gravé dans les *Monuments de la France*, par le comte Alex. de Laborde, in-f°, (T. 2, pl. 224 et 225). — La Société historique et archéologique de Langres en a fait paraître un dessin très exact dans ses *Mémoires*, en 1847. — Tout récemment il a été lithographié, par Cicéri, et publié à Paris, chez Lemaître, quai de l'Horloge, n° 23.

Si l'on en croit la tradition, le château du Grand-Jardin aurait été bâti en quarante jours; on raconte à ce sujet l'anecdote suivante :

Claude de Lorraine, bien qu'allié par le mariage à l'illustre sang de Bourbon, n'avait pas complètement oublié ses écarts de jeunesse. Brave comme son roi, le duc de Guise était galant comme lui. Il avait remarqué dans sa baronnie de Joinville une humble beauté qu'il visitait secrètement et près de laquelle il oubliait, dit la chronique, le luxe de son palais et le rang élevé de sa femme Antoinette. Celle-ci ne tarda point à découvrir les faiblesses d'un époux, et résolut de l'en faire repentir; mais un noble cœur ne peut recourir qu'à une généreuse vengeance. La jeune fille était pauvre, simple dans ses atours, et modestement logée; la duchesse changea tout-à-coup cette misère en richesse; à l'insu de son époux, elle fit porter à sa rivale, brillante parure et somptueux ameublement. Touché de ce procédé, Claude de Lorraine abjura, dit-on, ses erreurs et résolut d'être désormais un modèle de fidélité conjugale.

En mémoire de cette détermination, il fit élever le château du Grand-Jardin, sur les murs duquel on grava par son ordre les devises : TOVTES POVR VNE, faisant allusion à la foi jurée, LA ET NON PLVS, indiquant qu'un repos champêtre sera désormais le seul plaisir de l'époux réconcilié (1).

Le Grand-Jardin, dépendance du domaine de

(1) Les devises: *Toutes pour une—La et non plus* sont reproduites sur deux jetons en cuivre que possédait M. Haste, maire de Joinville, décédé en 1847. L'une de ces médailles représente le profil de Claude de Lorraine ayant en tête la couronne ducale avec cette légende : *Clavde de Lorraine dvc de Gvise* - 1544; on y voit la double croix de Lorraine.

Au revers figurent les armes de Guise surmontées de la couronne et entourées du collier ; on lit à l'exergue : *Tovtes povr vne*. Le millésime peut faire penser que cette médaille a pour but de rappeler l'incendie de Charles-Quint arrivé en 1544, la résistance honorable que fit à cette occasion le château de Joinville, et la libéralité du duc de Guise qui fit réparer les désastres causés par l'incendie.

Le second jeton porte dans le champ les initiales C. A. entrelacées ; à l'exergue : *La et non plvs*. Au revers figure l'écusson de Guise parti de Bourbon-Vendôme et l'autre devise, *Tovtes povr vne,* suivie du millésime 1574.

Sans cette date, postérieure de quatorze ans à la mort de Claude de Lorraine, on serait tenté de supposer que la médaille a trait à la fondation du Grand-Jardin ; mais une telle explication ne peut être admise et il y a lieu de penser que les initiales sont celles du cardinal Charles de Lorraine, mort le 26 décembre 1574, et d'Antoinette de Bourbon, sa mère, duchesse douairière de Guise.

Un semblable écusson parti de Guise et de Bourbon-Vendôme existait, entouré d'un cordon de deuil, au vitrail principal de la chapelle de l'hospice de Joinville. La fondation de cet établissement est due au cardinal et à sa mère Antoinette, mais la dédicace de l'hospice ayant eu lieu le 13 décembre 1573, il paraît difficile d'admettre, comme l'a pensé M. Haste, que la médaille se réfère à cette fondation. Il est plus naturel de la considérer comme un signe commémoratif de la mort du grand cardinal.

Ces deux jetons sont du reste les seuls monuments qui, à notre connaissance, reproduisent les devises *Toutes pour une — La et non plus*.

Joinville, passa comme lui des ducs de Guise aux princes d'Orléans. En 1747, il était inhabitable, et Louis d'Orléans, seigneur de Joinville, après avoir pris l'avis de son conseil, en avait décidé la démolition (1). Pareil sort était réservé aux arbres du parc, contemporains de l'édifice, et qui, comme lui. avaient été singulièrement négligés. Messire Jacques Faypoult, écuyer, était alors bailli de Joinville; il sollicita du prince l'abandon du château qu'il s'engageait à faire démolir, et de la coupe du petit bois qu'il offrait de faire replanter plus régulièrement. Le postulant se soumettait, en outre, à payer un cens annuel de deux cents livres, et à accepter pour quatre-vingt-dix-neuf années un bail qui, lui assurant la jouissance du sol, lui imposerait l'obligation d'entretenir les lieux en bon état.

Le prince de Joinville, en considération des services rendus par le bailli, accepta ces offres, sans néanmoins concéder le terrain du petit bois, déjà converti en promenade publique. Jacques Faypoult se vit, en conséquence, autorisé à faire démolir l'ancienne maison de plaisance des ducs

(1) Résultat du Conseil du 7 mai 1747, ordonnant que le *Château d'en bas* sera démoli, à l'exception des murs de clôture et des quatre tours qui se trouvent dans les encoignures des murs.

de Guise, à la charge par lui « de bâtir une mai» son pour un jardinier et un colombier (1). »

Heureusement, le bailli ne jugea point à propos d'user des droits qui lui étaient conférés. Il s'occupa au contraire de faire réparer l'édifice et il en fit son habitation. En 1784, se voyant sans enfants et craignant de laisser à une nièce, son unique héritière, une charge trop lourde, il sollicita du prince la rétrocession du bail amphithéotique consenti en sa faveur trente-sept ans auparavant.

Sa demande fut agréée (2), et, quelques années plus tard, à la mort de Jacques Faypoult, la jouissance du Grand-Jardin revint à la famille d'Orléans,

Le 21 juin 1791, cette propriété fut acquise des mains de Jean-Charles-Marie Choderlot, régisseur des biens de Louis-Philippe-Joseph d'Orléans, par M. Raphaël-Hippolyte-François de Thosse, offi-

(1) Acte passé devant Doyen, notaire à Paris, le 24 mars 1747, entre M. de Thury, intendant des finances du duc d'Orléans, et le fondé de pouvoirs des sieur et dame Faypoult.

(2) Acte passé le 26 novembre 1784, par-devant Lhomme et son collègue, notaires au Châtelet de Paris. Dans cet acte le Grand-Jardin est désigné sous le nom de *Château d'en bas*. On énonce qu'il aurait été bâti, en 1546, par Charles de Lorraine, mais rien ne justifie cette allégation contre laquelle s'élèvent au contraire, la vraisemblance et la tradition.

cier de marine(1) ; sa famille l'a longtemps habitée : elle est à vendre aujourd'hui.

(1) Acte du 21 juin 1791, reçu Hanin et Périn, notaires à Joinville. Il est dit que « M. d'Orléans est propriétaire » comme représentant Monsieur, frère de Louis XIV, » légataire universel de Mademoiselle de Montpensier, laquelle » étoit héritière de Mademoiselle de Guise. »

SCEAUX ET ARMOIRIES.

Si l'on en croit une opinion généralement accréditée, Joinville aurait eu pour fondateur Flavius Valerius Jovinus, consul romain sous Valentinien, qui, dans le but de repousser les incursions des ennemis, aurait fait élever une tour sur le sommet de la montagne où plus tard le château prit naissance. Des habitations se seraient groupées dans le voisinage de cette tour et n'auraient pas tardé à former la ville de Jovin, *Jovinivilla*, Joinville.

En souvenir de cette antique tradition, que nous rapportons sans en discuter le mérite, une tour crenelée figurait sur le sceau du baillage de Joinville et sur le scel du tabellionnage de la principauté dont on a conservé des empreintes.

Les armoiries de la ville étaient : *D'azur à trois broyes d'or* (1), *le chef d'argent chargé d'un lion*

(1) Le blason appelle du nom de *broye* un instrument dont on fait usage pour tiller le chanvre. Cette pièce honorable est aussi appelée *moraille*, et alors elle désigne une sorte de tenaille dont on fait usage pour serrer le nez des chevaux fougueux quand on les ferre.

Médaille de Claude de Lorraine

Médaille d'Antoinette de Bourbon
et du Cardinal de Lorraine.

Sceau du tabellionnage.

Sceau du chapitre St-Laurent.

issant de gueules. Nos premiers sires, étant originaires de la maison de Broyes, n'auraient eu dans le principe que trois broyes sur leur écu; c'est seulement sous Geoffroy V, dit Trouillard, frère de Simon de Joinville et oncle de l'historien de saint Louis, que le lion issant aurait été introduit. Nous laisserons parler l'auteur du manuscrit de 1632, qui, faisant l'éloge de Simon de Joinville, s'exprime en ces termes :

« Le sang généreux de ses ancêtres bouillant » en lui, pour lui faire acquérir la gloire des ar» mes, le poussa dès le vivant de son père à en» treprendre, avec Geoffroy son frère, le voyage » de la Terre-Sainte, l'an 1191, à la suite de » notre Philippe-Auguste et de son embarque» ment à Gênes. La tempête l'ayant jeté avec » sondit frère dans l'isle de Sardaigne, ils y com» battirent les infidèles à outrance, et par le » moyen de leurs victoires, y gagnèrent terres, » villes et châteaux.

» Du depuis, s'étant embarqués sous une bo» nace plus sûre, à force de voguer, ils rencon« trèrent le roi Philippe à Messine, en Sicile, » auquel se joignit Richard, roi d'Angleterre, » lequel, par épreuves journalières des beaux » exploits qu'ils firent devant la ville d'Acre, » assiégée par les chrétiens, les prit en telle

» affection, que pour leur en donner témoignage » asseuré, il leur escartela et donna partie de ses » armes royales d'Angleterre, qui est moitié » d'un lion saillant, lequel il voulut estre posé » à l'écusson de ceux de Joinville, au-dessus de » trois broyes de champ d'azur, ainsi que l'on » voit de présent ès anciennes armoiries de Joinville ; et le blason s'en trouve dans ces vers » faits à l'antique :

» Six ans durant en cette sainte terre,
» Y demeurèrent gagnant villes et chasteaux.
» Pour lors estoit Richard, roi d'Angleterre,
» Qui fit honneur aux deux frères loyaux,
» Car il partit de ses armes royaux,
» L'escu des frères pour estre en partie leur ;
» Lequel escu par aucuns leurs féaulx
» Vint à Joinville au moustier saint Laurent.

» Laquelle armoirie, quoiqu'honorable, ayant » été délaissée par les successeurs de la terre de » Joinville, auroit été néanmoins retenue et conservée par les habitants dudit lieu en mémoire » de leurs anciens seigneurs avec leur devise : » *Omnia tuta time* (1). »

Les écrivains héraldiques n'ont pas laissé pas-

(1) Virgile, (*Enéide*, L. IV, v. 293) dit de la reine Didon : *Omnia tuta timens.*

ser inaperçue cette particularité : « Une des plus » anciennes concessions d'armoiries, dit Curne » de Sainte-Palaye (1), est celle de Richard d'An- » gleterre en faveur de Geoffroy Troulart, sire de » Joinville, rapportée par le P. Menestrier. Au » lieu de la regarder comme le gage d'une frater- » nité d'armes, ainsi qu'il l'avance sans en don- » ner de preuves, je serois plus porté à croire » que le sire de Joinville avoit mérité d'être fait » chevalier de la main de Richard, qui en même » temps lui avoit donné ses armes ; et que ce sei- » gneur en avoit parti son écu en les joignant à » celles de sa famille.

Ducange n'a pas tenu compte de cette concession ; il a pensé que le lion figurait primitivement sur les armes des sires de Joinville originaires de la maison de Broyes et alliés à celle de Joigny. « L'une et l'autre maison, dit-il, portoit d'azur à » trois broyes d'or ; celle de Joinville, ayant pour » différence un chef d'argent, à un demi-lion de » gueules, qui est une brisure assez commune et » une marque de puîné; et même il est possible que » le lion des armes de Joinville est le blason des » anciens comtes de Joigny, outre qu'Etienne peut

(1) *Mémoires de l'Académie des Inscriptions et Belles lettres*, T. XX, p. 789 ; *Notes*.

» avoir été surnommé *de Vaux* pour avoir peut-
» être possédé le vicomté de Vaux près de Pithi-
» viers, qui a appartenu à la maison de Broyes(1). »

Le témoignage des anciens sceaux pourrait seul décider la question, mais ces fragiles monuments sont rares aujourd'hui, ou tellement frustes qu'on ne saurait les invoquer comme preuve.

Quand les princes de Lorraine succédèrent aux sires de Joinville, ils conservèrent leurs propres armoiries et laissèrent à la ville celles de leurs prédécesseurs.

On voit les armes de Joinville figurer dans *la Diana*, salle du cloître N. D. à Montbrison, qui remonte au treizième siècle. On les voit, au seizième, reproduits en relief sur des vases en étain servant à offrir les vins de ville au prince et aux étrangers de distinction qui visitaient la cité(2). Ce sont ces mêmes armes qu'on a moulées en 1823 sur les cloches nouvellement fondues, en y ajoutant la devise que la tradition y rattache sans toutefois l'expliquer.

Le chapitre de la collégiale avait pour sceau l'image de St-Laurent sur un gril; des épreuves bien conservées existent aux archives de la Hte-Marne.

(1) *Généalogie de la maison de Joinville en Champagne.* Page 6, V° ESTIENNE.

(2) V. *La Haute-Marne, Revue Champenoise*; n° 4, p. 39.

SIGNATURES DES GUISE

DOCUMENTS DIVERS.

Edit d'érection de Joinville en Principauté.

Henry par la grâce de Dieu roi de France, savoir faisons à tous présens et à venir que pour la très singulière recommandation en laquelle nous avons nostre très cher et très amé cousin, Francoys de Lorraine, duc de Guyse, pair et grand chambellan de France, marquis de Mayenne, seigneur et baron de Joinville, Eclaron, Roches, Doulevant-le-Châtel et Sailly, sénéchal héréditai de Champagne, gouverneur et notre lieutenant général en nos pays de Dauphiné, Savoie et Saluces, et de nostre très chère et très amée cousine son épouse Anne d'Est, fille aînée de nostre très cher et très amé oncle le duc de Ferrare, et de nostre très-chère et très amée tante Renée de France ; voulans de plus en plus faire connoistre à ung chascun l'affection singulière que nous leur portons, non seulement pour le regard de la consanguinité et affinité qu'ils ont avec nous, mais aussi pour considération tant de claires vertus et très-louables qualités qui sont en la personne de nostre dit cousin et de ses mérites envers nous et la chose publique de nostre royaulme, que pareillement de l'excellence, noblesse et antiquité de l'illustre maison de Lorraine et de Guyse dont nostre dit cousin est descendu ; et afin que chascune de ses terres et possessions soient et demeurent décorées de titres et qualités correspondans à la grandeur de sadicte maison et satisfaction de ses mérites ; et duement avertis que sadicte baronnie, terre et seigneurie de Joinville, située et assise en nostre pays de Champagne est de très-bon, grand et satisfaisant revenu, pour obtenir et soutenir le nom , titre et qualité de principauté avec les adjonctions et annexes qu'on y peut faire d'autres terres prochaines appartenant à nostre dit cousin ; joint aussi que de ladicte baronnie dépend grand nombre de fiefs, arrière-fiefs et vassaux ; et y a ville et maison de grande et ancienne marque, où par ci devant feu nostre cousin le duc de Guyse, son père, de très recommandable mémoire, a fait ordinairement sa principale demeure, comme faict encore aujourdhuy nostre dict cousin, son fils ;

Pour ces causes, et autres bonnes, justes et raisonnables considérations, à ce nous mouvans ; ayant sur ce eu délibération avec aucuns princes et seigneurs de nostre sang et autres grans et notables personnages de nostre conseil, ladicte baronnie, terre et seigneurie de Joinville, avons par ces presentes créé et érigé, créons et érigeons de nos certaine science, pleine puissance et authorité royal, en titre nom et qualité de principauté, desquels nous la décorons avec le titre et nom ancien de sénéchal héréditał de Champagne. Pour par nostre dict cousin, ses hoirs, successeurs et aians cause, en jouir esd. nom titre et qualité de principauté avec telz et semblables droits, autoritez, priviléges, prérogatives et préeminences dont ont accoustumé de jouir les autres ayans titre de principauté, par création et érection de nous et de nos prédecesseurs, tant en faits de guerre, assemblées de nobles, qu'en tous autres cas, lieux et actes.

Et pour augmenter et amplifier le revenu de lad. principauté, afin de mieux et plus convenablement soutenir sond. titre et à l'augmentation et décoration d'icelle , nous avons joint et uni, joignons et unissons à icelle perpétuellement et inséparablement par cesd. présentes les terres et seigneurie d'Eclaron, Roches, Doulevant-le-Chatel, Sailly et celles de Rupt, Vecqueville, Chatonrupt, Breuil, Ragecourt, Gourzon, la Neuville-à-Bayard, Sommeville, Ruetz, Chevillon, Bayard, Magneux, Vrainville, Guindrecourt-aux-Ormes, Sommermont, Bailly-aux-Forges, Morancourt, Mathons, Nomécourt, Mussey, Ferrière, Rouvroy, Osne, le Val-d'Osne, Efficourt, Pancey, Bures, Saudron, Ribaucourt, Vaudeville, Damblain, Villiers-aux-Chesne, Moitonval, Montaut-le-Haut, Charmes-la-Grande, en l'Angle et la Chapelle, Baudrecourt la petite, Dompmartin-le-Franc, Courcelles, Bétoncourt, Ambrières, Moelain, Allichamps, le Chatellier, la Neuville-au-Pont, Humbécourt, Eurville-les-Côtes, Hallecourt, Attancourt, Vallerest, Villers-au-Bois, Braucourt et Troisfontaine-la-Ville. Toutes lesd. terres tenues de nous à cause de nos chasteaux de Vuassy et Montescleres, situées et assises ès prévotés dud. Vuassy et d'Andelot en nostre bailliage de Chaumont et comté de Champagne, leurs apartenances et dépendances, pour estre tenues et possédées à toujours par le prince dud. Joiuville, comme etant membres et des apartenances et dépendances de lad. principauté. En permettant et octroyant de nostre plus ample grâce et auctorité que pour la justice et juridiction dicelle principauté, nostred. cousin et sesd. successeurs y puissent mettre, ordonner, instituer et establir toute manière d'officiers et ministre de justice........

(*L'édit règle ici tout ce qui est relatif à la justice.*)

Et afin que lad. principauté de Joinville demeure à tousjours ainsi unie et entière que dict est, nous par dict, loi et statut perpétuels et irrévocables, oultre que dessus, avons par cesd. présentes pour la conservation des princes dud. Joinville, perpétuation du nom et titre de lad. principauté, déclaré, statué et ordonné, déclarons, statuons et ordonnons par ces présentes, que lad. principauté et lesd. terres ainsi que dit est, unies à icelle, soient et seront à tousiours tenues et possédées par un seul seigneur, à sçavoir par l'aîné fils de nostred. cousin et les descendants de lui et de sad. maison successivement, en préférant les aînés plus prochains et leur lignée aux puînés et leur lignée, et les fils aux filles de même ligne ; et si c'est en succession collatérale, par l'aîné dicelle et ses descendants, préférant le fils à la fille comme dict est ; et se nommera et instituera led. seigneur qui tiendra lad. principauté et lesd. terres unies à icelle prince de Joinville, sans qu'elles puissent être démembrées parties ou divisées, encore que par coutume des lieux où elle est située et assise, toute terre se doive partir entre, cohéritiers et que chascun puisse vendre, donner et autrement disposer en partie de son fief; auxquelles coustumes nous avons pour ceste fois et sans préjudice dicelles en autres choses, dérogé et dérogeons de nosd. certains science, pleine puissance et autorité par cesd. présentes ; à la charge touteffois que celui auquel aviendra lad. principauté, quiconque soit à l'avenir, portera et sera tenu porter armes telles que de présent porte nostred. cousin, pleines et entières, ou du moins jointes avec les siennes, sans délaisser celles de nostred. cousin ; et sera tenu récompenser ses cohéritiers en héritages, rentes ou revenus de la valeur de ce qu'il leur devroit appartenir en lad. principauté, non compris en lad. valeur les chasteaux et maisons de lad. principauté ; et s'il n'y avoit héritage, terres et seigneurie pour faire et fournir la valeur en revenu desdites parts et portions desd. cohéritier ou cohéritiers, en ce cas prendront par les mains du recepveur de lad. principauté ce que pourroient monter respectivement de revenu annuel icelles parts et portions, jusqu'à ce que led. prince leur ait baillé terres de lad. valeur.

Si donnons en mandement par ces présentes à nos amez et feaulx conseillers les gens tenans nos cours de Parlement, chambre des comptes à Paris, trésoriers généraux de nos finances, au bailly de Chaumont en Bassigny ou son lieutenant, et à tous nos autres justiciers et officiers et à chacun d'eux en droit soi et comme à lui appartiendra, que nos présentes création et érection de lad. principauté, union, incorporation, déclaration, statut, ordonnance et vouloir ils entretiennent, gardent et observent, facent de point en point entretenir garder et observer, lire publier et enregistrer et diceulx nostred. cousin duc de Guise prince de Joinville, ses successeurs et ayant cause, jouir et user pleinement et paisiblement ainsi et par la forme et manière que dessus est dit, cessant et faisant cesser tous troubles et empêchemens à ce contraires, car tel est nostre plaisir ; nonobstant quelconques edits, statuts, ordonnances, coutumes, constitutions, mandemens, restrictions, défenses, lettres ou autres choses à ce contraires et même lesd. coutumes et usages des pays esquels lad. pricipauté de Joinville et lesd. terres unies sont assises; auxquelles, ensemble aux dérogatoires des dérogations y contenues nous avons pour cette fois sans préjudice d'icelles ou autres choses, dérogé et dérogeons de nostred. puissance et autorité.

Et afin que ce soit chose ferme et stable à tousiours, nous avons fait mettre nostre scel à cesd. présentes sauf en autres choses notre droit et l'autrui en toutes. Donné aud. Joinville au mois d'avril l'an de grâce mil cinq cent cinquante et un, avant Pasques et de nostre regne le sixième.

Par le Roy, le duc de Montmorency, pair et connestable, Vous et le seigneur de Saint-André, maréchal de France et autres présens : Du Thier.

Lecta, publicata et registrata audito et consentiente procuratore generali regis sub modificationibus in registro hodiernà die facto contentis. Actum Parisiis in Parlamento nonâ die mensis maii, anno Domini millesimo quingentesimo quinquagesimo secundo. — Du Tillet.

Arrêt du Parlement relatif à l'érection de Joinville en Principauté.

Entre le duc de Guise pair de France, prince de Joinville demandeur et requérant l'enthérinement d'une lettre patente de la baronnie de Joinville et ses annexes en principauté, d'une part — Et le Procureur général du Roy ayant pris la cause pour son substitut du baillage de Chaumont, d'autre part.

Veu par la Cour etc....

Ladite Cour par son arrest a ordonné et ordonne que les terres de Domblain, Dompmartin-le-Franc, Attancourt, Vallerests, Wassy, et Courcelles seront distraites de l'érection de Joinville en principauté ; et à cette fin seront lesd. lettres de lad. érection corrigées et réformées sans préjudice aud. s^r duc des droits de fiefs et autres par lui prétendus ès-fins et limites desd. lettres lesquels demeureront unis à ladite terre de Joinville pour en jouir par led. s^r duc, comme il a fait par ci-devant et auparavant lesd. lettres d'érection. Et demeureront esd. lettres les terres de Mussey, Mathons, Morancourt, Chatonrupt, Breuil, Ragecourt, Sommeville, Humbécourt, Pensey, Chevillon, Nomécourt, Osne, Ruetz, Bayard,

Rouvroy, Charmes-en-l'Angle et Moëlain pour le regard et portion que led. s[r] duc de Guise a en icelles seulement. Et quant à la part des autres seigneurs esd. terres, elle ne sera comprise esd. lettres d'érection, ains en jouiront lesd. conseigneurs et habitants desd. villages par divis et séparément, et seront aussi pour ce regard lesd. lettres réformées. Et en tant que touche les terres et seigneuries de Charmes-la-Grande et Magneulx, lad. Cour a ordonné qu'elles demeureront en lad. érection sans en iceulx comprendre les droits du roy acquis par le feu duc de Guise desd. lettres à rachapt perpétuel. Et quant aux terres de Bailly-aux-Forges, Eclaron, Doulevant et autres portées par lesd. lettres d'érection, lad. Cour a ordonné et ordonne qu'elles demeureront esd. lettres ainsi qu'elles y sont comprises, sans préjudice touteffois aud. Procureur général du droit de garde et guet par lui prétendu à cause du châtel de Montéclair sur aucuns desd. villages compris esd. lettres d'érection, et aud. s[r] duc de Guise et ses sujets leurs défenses au contraire. Et pour l'intérêt prétendu par ledit Procureur général en lad. érection de Joinville en principauté, selon le contenu desd. lettres, lad. Cour, pour la diminution du revenu des droits domaniaux, des greffes, exploits et amendes, grosses et menu du ou d'option, tabellionnage et juréz ès prévostés de Wassy et Andelot et bailliage de Chaumont, a ordonné et ordonne que led. s[r] duc fera fournir et bailler par chacun an à la recette ordinaire dud. baillage de Chaumont, la somme six vingt douze livres parisis payable et rendable à ses coûts et despens au lieu de lad. recette, et de laquelle somme de six vingt douze livres parisis, demeurera lad. principauté chargée et hypothéquée pour être subrogée et sortir pareille nature de domaine, jusqu'à ce que led. s[r] de Guise ait fourni au roy et baillé juste récompense en fonds et seigneurie esd. prévotéz et bailliage de Chaumont, laquelle aussi entrera en même nature de domaine.

Donné à Paris, en Parlement, le septième jour de septembre 1858. Par arrêt de la même Cour, *Signé* : Du Tillet.

Lettres de confirmation en faveur du duc d'Orléans.

Louis, par la grâce de Dieu, roy de France et de Navarre, à ceux présents et à venir, salut : Notre très cher et très amé neveu et petit-fils de France, le duc d'Orléans, nous a représenté que le roy Henry II avoit, par ses lettres patentes du mois d'avril 1551, registrées en notre Cour de Parlement, à Paris, le neuvième may 1552, créé et érigé la baronnie de Joinville avec ses appartenances et annexes en titre, nom, dignité et qualité de principauté, avec le titre et nom anciens de sénéchal héréditai de Champagne, en faveur de François de Lorraine, duc de Guise, pair et grand Chambellan de France, marquis de Mayenne, seigneur et baron dud. Joinville, Eclaron, Roches, Doulevant-le-Chatel et Sailly, sénéchal héréditai de Champagne, gouverneur et lieutenant-général des pays de Dauphiné, Saluces et Savoye, pour par lui ses hoirs successeurs et ayant cause en jouir esd. noms, titre, qualité et dignité de principauté à la charge que ceux qui la possèderont seront tenus et obligés de porter le nom de Prince de Joinville et les armes desd.

ducs de Guise, tout ainsi qu'il est plus amplement expliqué par lesd. lettres; que lad. principauté seroit eschue aux successeurs dud. François de Lorraine et par le défaut de mâles de la maison et branche de Guise, à nostre cousine Marie de Lorraine, duchesse de Guise, à laquelle notre très-chère et très-amée cousine Anne-Marie-Louise d'Orléans, duchesse de Montpensier, sa nièce et héritière des propres maternels, a succédé, dans lesquels propres se sont donnés les deux tiers de lad. principauté de Joinville et annexes francs et quittes de dettes passives. de notred. Cour de Parlement à Paris, du 13 avril 1696, rendu entre notre très cher et très amé frère unique duc d'Orléans, légataire universel de notred. cousine la duchesse de Guise, lesquels par une transaction contenant un compte du 18 avril 1710 ont délaissé à notred. frère unique entre autres biens, lad. principauté de Joinville et ses annexes qui, par le décès de notred. frère, ont passé à notred. neveu le duc d'Orléans, son fils et héritier, qui a possédé lad. principauté jusqu'à présent et les officiers qui y sont établis exercé leurs fonctions, la justice ordinaire, grurie et eaux et forêts, conformément auxd. lettres. Mais comme il s'est écoulé un temps considérable et qu'il est arrivé aussi différents changements depuis lad érection, notre neveu qui désire assurer cette possession de plus en plus, nous a supplié de lui accorder nos lettres de confirmation aud. titre et dignité de principauté et sénéchal hérédital de Champagne et des droits et prérogatives contenues dans lesd. lettres, tant pour luy que pour ses successeurs et la juridiction par ses officiers, conformément à icelles.

Pour ces causes et autres grandes considérations à ce nous mouvans, voulant donner à notred. neveu des marques de notre amitié et de notre bienveillance; de notre grâce spéciale, pleine puissance et autorité royale, Nous avons confirmé, autorisé et approuvé et par ces présentes signeez de notre main, confirmons, autorisons et approuvons en sa faveur, l'érection faite au mois d'avril 1551 de lad. terre et baronnie de Joinville, avec ses apartenances et annexes, en titre, nom et qualité de principauté, avec le titre et nom ancien de sénéchal héréditál de Champagne, pour en jouir par notred. neveu, ses hoirs successeurs et ayant cause, tant mâles que femelles, aux honneurs, dignités, privilèges, droits, rangs, prérogatives et prééminences tels et semblables dont notred. feu frère unique, notred. cousine la duchesse de Montpensier et leurs prédécesseurs en lad. principauté ont joui ou dû jouir, comme aussi que les officiers qui sont ou seront cy-après établis par notred. neveu, ses successeurs et ayans cause dans la justice ordinaire, grurie, eaux et forêts et autres juridictions, jouiront de toutes leurs fonctions portées par lesd. lettres du mois d'avril 1551, dont copie est cy attachée avec l'arrest d'enregistrement et autres pièces sous le contrescel de notre chancellerie, et tout ainsi que si notred. feu frère unique, ses hoirs, successeurs et ayant cause, mâles et femelles, y étoient venus par droits de succession.

Et pour d'autant plus favoriser notred. neveu, nous avons de notre même grâce et autorité que dessus, de nouveau en tant que besoin est ou seroit, créé, décoré et érigé, créons, décorons et érigeons en titre, nom et qualité de principauté, avec le titre et nom ancien de sénéchal héréditál de Champagne lad. terre et baronnie de Joinville et annexes en faveur de notred. neveu, ses hoirs successeurs et ayant cause tant mâles que femelles et avec tous droits de justice ordinaire, grurie, eaux et forêts et autres juridictions ci-dessus énoncées ; et d'autant que par les susd. lettres du mois d'avril 1551 il est marqué que ceux qui jouiront de lad. principauté seront tenus de porter les armes dud. feu duc de Guise, nous avons bien voulu dispenser, comme nous dispensons par cesd. présentes nostred. neveu et ses successeurs de porter lesdites armes de Guise, dérogeant à cet effet auxd. lettres du mois d'avril 1551, pour ce regard seulement, et sans tirer à conséquence.

Si donnons en mandement etc.

Donné à Marly au mois de mai l'an de grâce 1714 et de notre règne le 71ᵉ, *Signé* : LOUIS : et sur le repli : par le Roy, *Signé* : COLBERT : et scéllé du grand sceau de cire verte en lacs de soie rouge et verte.

Registrées.... à Paris en Parlement le 21 janvier 1715. *Signé* : DONGOIS.

Procès-verbal contenant l'inventaire de l'église St-Laurent.

Cejourd'hui dix-neuf août 1790, huit heures du matin, en exécution et au désir des décrets de l'assemblée nationale des 14 et 20 avril dernier, sanctionnés par le roi le 22 du même mois, et de l'article 8 des lettres patentes du roi données à Paris, le 23 juin dernier sur le décret du 18 du même mois, Nous Pierre Rozet, Pierre-Jacques Boulland, Mathieu Mallebranche, et Etienne Bourgoin, tous administrateurs du directoire de district de Joinville, nous sommes transportés avec Louis-Joseph Denayer, procureur syndic du même district, assisté de Nicolas Greslot, secrétaire greffier, à l'église collégiale et paroissiale de Saint-Laurent au château de Joinville et nous étant rendus dans la chambre du Chapitre, nous y avons trouvé MM. Joseph Ledeschault, prêtre, doyen, chanoine et curé, Claude Petitjean, Nicolas Dosne, François-Thomas Bluget, Etienne Ganthois, prêtres chanoines de ladite collégiale et François-Antoine Petitjean, chanoine honoraire et curé de Joinville ; lesquels nous ont déclaré que trois de Messieurs étaient absents pour cause de maladie, savoir : François-Louis Valdruche, Louis Paillette et Nicolas Huraut. Se sont aussi présentés MM. Louis Devilliers et Pierre-Henry Cornet, tous deux chanoines semi-prebendés de ladite collégiale.

Et ayant exposé à Messieurs le sujet de notre transport, ils nous ont unanimement répondu qu'ils adhéraient avec respect et soumission aux décrets de l'Assemblée nationale sanctionnés par le roi, et qu'ils étaient prêts à nous faciliter les opérations que nos fonctions exigeaient de nous.

En conséquence nous avons calculé et fait le relevé des registres et comptes de régie dudit Chapitre, qui nous ont été représentés par M. Petitjean, trésorier receveur, duquel calcul il est résulté que les revenus en grains dudit Chapitre sont de 897 boisseaux de blé et de 683 boisseaux d'avoine, mesure de Joinville. En argent de 10,118 livres 19 sols ; et en dixmes de 549 boisseaux et demi de froment, 602 d'avoine, même mesure, et de 8,606 livres 13 sols en argent. Messieurs nous ont en outre déclaré qu'ils exploitent 181 journées de vignes et qu'ils ont, tant à Chancenay qu'à Bayard et Dommartin, 635 arpents 81 perches de bois, dont 163 arpents 68 perches en réserve et le surplus en coupes réglées.

Ces opérations faites, nous avons procédé à l'inventaire des meubles et effets mobiliers, titres et papiers ainsi qu'il suit : après que lesdits chanoines nous ont observé que les revenus en grains ont pour échéance la Saint-Martin et les revenus en argent la même échéance. Pour les fermages, excepté ceux de Chancenay, dont les échéances sont la Saint-Jean et Noël, excepté encore les redevances et contrats sur différents particuliers, dont les échéances sont à différentes époques.

Premièrement, nous avons trouvé dans la sacristie trois calices d'argent avec leurs patènes et un autre de vermeil aussi avec la patène, — deux ciboires, — un ostensoir doré, — deux encensoirs en argent, — une navette, — deux croix, — un plat et deux burettes, le tout en argent et pesant environ 54 marcs.

Un ornement rouge complet broché en or fin, — un ornement blanc aussi complet fond damas broché en or et argent, — un ornement noir complet en velours de Gênes, — un ornement complet en velours rouge, — un ornement complet en velours vert, — deux ornements blancs de damas, — deux ornements complets de velours violet, — deux tuniques de velours rouge ciselé, — une tunique et une chape de damas blanc, — quatre pans pour garnir le dais, d'étoffe brochée en or avec galons et franges aussi d'or fin.

Dans un buffet partagé en trois cases se trouvent : dans la première quinze douzaines de purificatoires, deux douzaines de corporaux, une douzaine de lavabo, trois douzaines de bandes d'étole, quatre douzaines de nappes d'autel tant fines que grosses, cinq surplis et trois rochets, huit autres surplis, douze rochets et douze aubes pour les enfants de chœur.

Dans la seconde case se trouve l'argenterie ci-dessus désignée. Dans la troisième, quatorze chasubles de toutes couleurs mises à la réforme.

Dans ladite chambre se trouvent sept tableaux, une petite table servant de bureau, une fontaine, quatre paires de burettes, un plat, le tout d'étain ; un dais d'étoffe brochée en or fin.

Passés ensuite dans une autre chambre appelée chauffoir, nous y avons trouvé, une douzaine et demie de chaises tant vieilles que neuves, un feu complet, deux grandes armoires en placards dans lesquelles se sont trouvées : deux chappes de damas violet, une de damas rouge, deux ornements de velours noir, deux chapes de velours ciselé fond or, galons et franges aussi or fin ; quatre chasubles de damas le tout mis à la réforme ; 22 aunes de damas violet, 9 aunes de damas fond vert broché, en or et en argent, le tout en pièce et destiné à faire un ornement complet, et en outre seize aunes de damas noir, aussi en pièce.

Passés ensuite à l'église, au sanctuaire il s'y est trouvé un autel tout en cuivre portant 25 pieds de haut, 8 de large et un pouce et demi d'épaisseur ; un aigle aussi en cuivre servant de pupitre , de cinq pieds et demi de haut y compris la colonne en cuivre qui lui sert de support. Une statue aussi en cuivre servant de pupitre, portant trois pieds et demi de haut. Une banquette de sept pieds de long couverte de velours d'Utrech cramoisi. Un mausolée en pierre (1) recouvert d'une table de marbre noir de sept pieds de long, trois pieds et demi de large et quatre pouces d'épaisseur, sur laquelle sont couchées deux figures en cuivre de grandeur et grosseur humaine ayant chacune à leur tête un dôme en cuivre de deux pieds de large et deux pieds de haut ; au-dessus un ange en cuivre supporté par une petite colonne de même métal haute de quarante-cinq pouces. — Un pupitre ; quatre grands psautiers ; six antiphonaires in-folio, deux in-octavo ; un graduel en deux volumes, douze processionnaires, douze breviaires et six missels ; deux tables, l'une de marbre vert et l'autre de marbre noir.

De là, passés à la nef, nous avons trouvé dans un de ses côtés, un mausolée de cuivre (2), de 43 pouces de haut,

(1) Tombeau de Ferri II de Lorraine et de sa femme Yolande d'Anjou, reine de Sicile.

(2) Tombeau de Henry de Lorraine, Evêque de Metz.

40 pouces de large et 5 pieds 10 pouces de long, sur lequel est à genoux une figure aussi en cuivre de 43 pouces de haut ; et devant cette figure un prie-Dieu aussi en cuivre. De l'autre côté de la nef, un petit buffet renfermant un jeu d'orgue.

Dans un collatéral à droite s'est trouvé un mausolée en marbre blanc : dans le collatéral à gauche trois tableaux : l'un représentant Saint-Joseph, l'autre Saint-Hubert et l'autre Notre-Seigneur. Une armoire en bois de chêne dans laquelle, ouverture faite, nous avons trouvé quatre effigies en argent, représentant les apôtres ; quatre autres en argent vermeillé, représentant la Sainte-Vierge, Saint-Laurent, Saint-Jean-Baptiste et Saint-Eloi ; quatre autres en argent, représentant Saint-Sébastien, Saint-Louis, Saint-Antoine et un Ange ; une autre pièce aussi en argent vermeillé portant en représentation le chef d'une des compagnes de Sainte-Ursule et deux anges pour support ; une autre pièce aussi en argent, montée sur un pied de bois et représentant la crèche, ornée de bas-reliefs et de quelques pierres gravées ; une autre pièce aussi d'argent, enrichie de pierres précieuses représentant la Ste Chapelle de Paris ; une autre pièce pareillement en argent, ornée en différents endroits d'un chiffre de Claude de Lorraine ; un vase en argent ouvragé à jours et vermeillé surmonté d'un flèche et d'une croix, renfermant la ceinture de Saint-Joseph (1) ; une croix posée sur un pied, soutenue par des figures de lion aussi d'argent vermeillé, et à lad. croix se trouve suspendue une croisette enrichie de pierreries et qu'on prétend avoir été la croix pectorale du cardinal de Guise ; une paix aussi ouvragée en argent vermeillé, portant au centre un médaillon sur lequel est peint en émail un crucifix avec les figures de Saint-Jean et de la Sainte-Vierge ;

(1) V. *la Haute-Marne*, n° 6, p.63.

une autre pièce aussi en argent, chargée de quelques pierreries et portant une main aussi en argent ; une autre petite pièce, représentant une tour, soutenue par un pied de cristal ; deux autres petits reliquaires, surmontés d'une petite croix aussi en argent, et enfin deux chandeliers aussi d'argent, servant aux acolytes ; un bénitier avec son goupillon ; un bâton cantoral aussi en argent, portant la représentation de Saint-Laurent de même matière ; et un livre d'évangile garni en plaques d'argent.

Les pièces ci-dessus décrites se trouvent formées de plusieurs matières qui ne sont ni or ni argent, comme bois, cristal, cuivre et autres, nous n'avons pu en avoir le poids exact ; nous avons seulement présumé, d'après les renseignements qui nous ont été donnés, qu'ils pouvaient être portés à 180 marcs.

Passés de là aux archives, nous y avons trouvé deux armoires, l'une renfermant différents cartons, dont le premier contient les titres et pièces relatifs aux dixmes de Donjeux ; le 2e, les titres relatifs aux dixmes de Rupt ; le 3e, les titres de propriété des vignes de Poissons ; le 4e, les titres concernant la propriété des dixmes et des gagnages de Pansey ; Le 5e, les dixmes d'Osne-le-Val ; le 6e, les vignes de Joinville, les prés et cens ; le 7e, le gagnage d'Eclaron ; le 8e, préciput sur les dixmes de Vecqueville et le cens à percevoir sur la communauté ; le 9e, dixmes de Gillaumé, dixmes et gagnage d'Echenetz ; le 10e, gagnage de Domblain ; le 11e, dixmes de Vrainville ; le 12e, gagnage de Morancourt ; le 13e, dixmes et petit gagnage de Noncourt, le 14e, dixmes et gagnage de Charmes-la-Grande ; le 15e, dixmes de Montreuil ; le 16e, gagnage de Mandres ; le 17e, dixmes et gagnage de Magneux ; le 18e, dixmes et gagnage de Cousance et Cousancelles ; le 19e, gagnage de Wassy ; le 20e, gagnage de Vrainville ; le 21e. dixmes de Vaucouleurs ; le 22e, préciput sur les dixmes de Ferrière; le 23e, gagnage de Guindrecourt-aux-Ormes; le 24e, gagnage de Fays; le 25e, dixmes de Sommermont; le 26e, gagnage de Sommermont; le 27e, dixmes et autres propriétés de Sailly.

Une boite contenant les titres et papiers relatifs à la propriété de Courcelles, cotée A; une autre, ceux relatifs à la propriété et aux dixmes de Dommartin-le-Franc, cotée B; une autre relative à la propriété des maisons sises à Joinville, cotée C; une autre, contenant les titres et papiers concernant les gagnages de Breuil, Bettoncourt, Bayard, Ambrières, Bures, Baudrecourt; les dixmes de Chevillon; un pré situé à Thonnance-les-Joinville; un gagnage situé à Maconcourt; un préciput sur les dixmes de Vaux, un sur les dixmes de Gudmont, un gagnage à Hallignicourt et des redevances sur Thonnance-les-Joinville et Suzannecourt; ladite boite cotée D.

Le 29e carton renferme les pièces relatives au droit d'amortissement; le 30e enfin concernant les titres *de incendio*, c'est-à-dire qui remplacent ceux qui ont été brûles.

Une liasse en sac contenant les titres de fondation de la chapelle Sainte-Anne, située au cimetière de Joinville.

La seconde armoire ouverte, nous y avons trouvé un papier terrier, relié grand in-folio, concernant les biens de Chancenay et quarante-trois liasses et quatre tiroirs renfermant les titres et papiers relatifs à la propriété de ladite terre, appartenant au chapitre.

De là, passés dans la chambre du Secrétariat, nous y avons trouvé une liasse contenant huit titres relatifs à différentes constitutions, une autre liasse concernant les baux relatifs aux propriétés affermées par ledit chapitre et dont les échéances sont à différentes époques.

Les sieurs chanoines nous ont aussi déclaré qu'il y a une prébende vacante par la démission du sieur Petitjean, curé de Joinville, et qu'ils ont un maître de musique fondé, auquel ils donnent annuellement une somme de 582 livres et 120 boisseaux de blé à la charge de nourrir et instruire quatre enfants de chœur ; observant que la vacance de la prébende du sieur Petitjean, a commencé le 1er juillet dernier et qu'une des neuf prébendes restantes, se partage entre les deux semi-prébendés ci-dessus nommés.

Et après qu'il ne s'est plus trouvé d'effets à inventorier ni de déclaration à recevoir, en tenant le présent procès-verbal pour clos, nous avons laissé les meubles et effets mobiliers, titres, papiers, argenterie et vases sacrés à la charge et garde desdits sieurs chanoines qui s'en sont volontairement chargés, et ont signé avec nous, administrateurs, procureur-syndic et secrétaire-greffier.

(*Suivent les signatures.*)

www.ingramcontent.com/pod-product-compliance
Ingram Content Group UK Ltd.
Pitfield, Milton Keynes, MK11 3LW, UK
UKHW022127190726
13855UKWH00003B/1061